AF461643

NOTICE HISTORIQUE

SUR LES MANUFACTURES IMPÉRIALES

DE

TAPISSERIES DES GOBELINS

ET DE

TAPIS DE LA SAVONNERIE,

PRÉCÉDÉE

DU CATALOGUE DES TAPISSERIES QUI Y SONT EXPOSÉES.

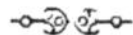

PARIS. — TYPOGRAPHIE DE HENRI PLON,

IMPRIMEUR DE L'EMPEREUR,

RUE GARANCIÈRE, 8.

NOTICE HISTORIQUE

SUR LES MANUFACTURES IMPÉRIALES

DE

TAPISSERIES DES GOBELINS

ET DE

TAPIS DE LA SAVONNERIE,

PRÉCÉDÉE

DU CATALOGUE DES TAPISSERIES QUI Y SONT EXPOSÉES.

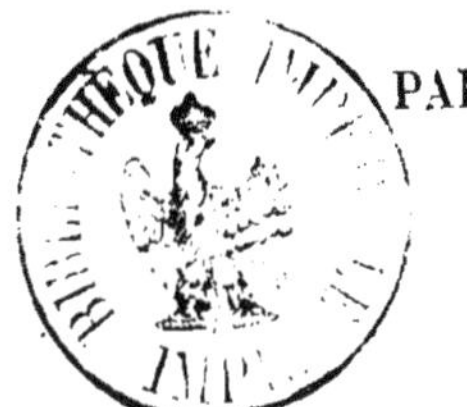

PAR A. L. LACORDAIRE,

DIRECTEUR DE CET ÉTABLISSEMENT.

Quatrième édition.

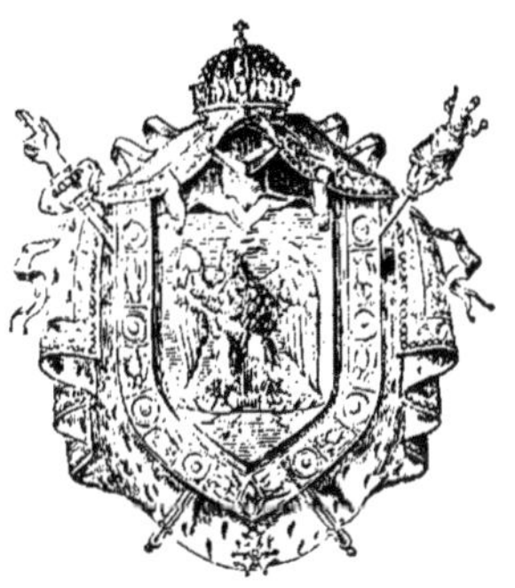

PARIS,

A LA MANUFACTURE DES GOBELINS.

A LA LIBRAIRIE ENCYCLOPÉDIQUE DE RORET, RUE HAUTEFEUILLE, 12;

H. PLON, LIBRAIRE, IMPRIMEUR DE L'EMPEREUR, RUE GARANCIÈRE, 8;

J. B. DUMOULIN, LIBRAIRE, QUAI DES AUGUSTINS, 13;

ET CHEZ LES PRINCIPAUX LIBRAIRES

1859

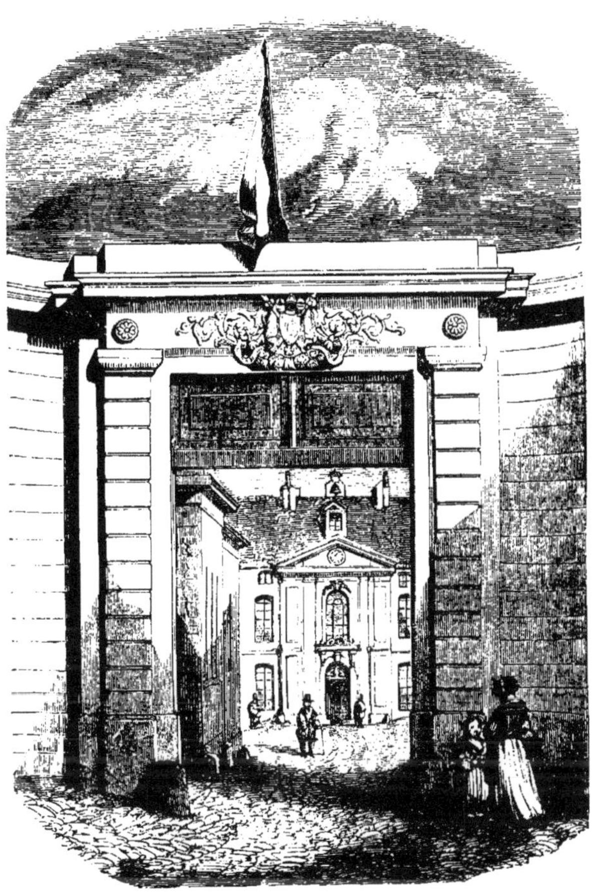

EXPLICATION DU PLAN.

A Corps de garde.
B Logement du concierge.
C Logement du brigadier, chef des gagistes.
D Galerie d'exposition.
E Atelier des tapisseries.
F Magasins particuliers de l'atelier de tapisserie.
G Ateliers de tapis.
H Magasins des laines pour tapis.
I Chapelle.
K Atelier de teinture et laboratoire de chimie.
L Magasin de laines et de soies sur broches.
M Magasins des tapisseries fabriquées.
N Atelier de rentrayure.
O École de dessin.
P Logement du garde du matériel.
Q Grands jardins.

L'administration et les bureaux sont, au 1er étage, en F et H.

Les bâtiments, indiqués par masses, sont affectés au logement d'une partie du personnel de la manufacture.

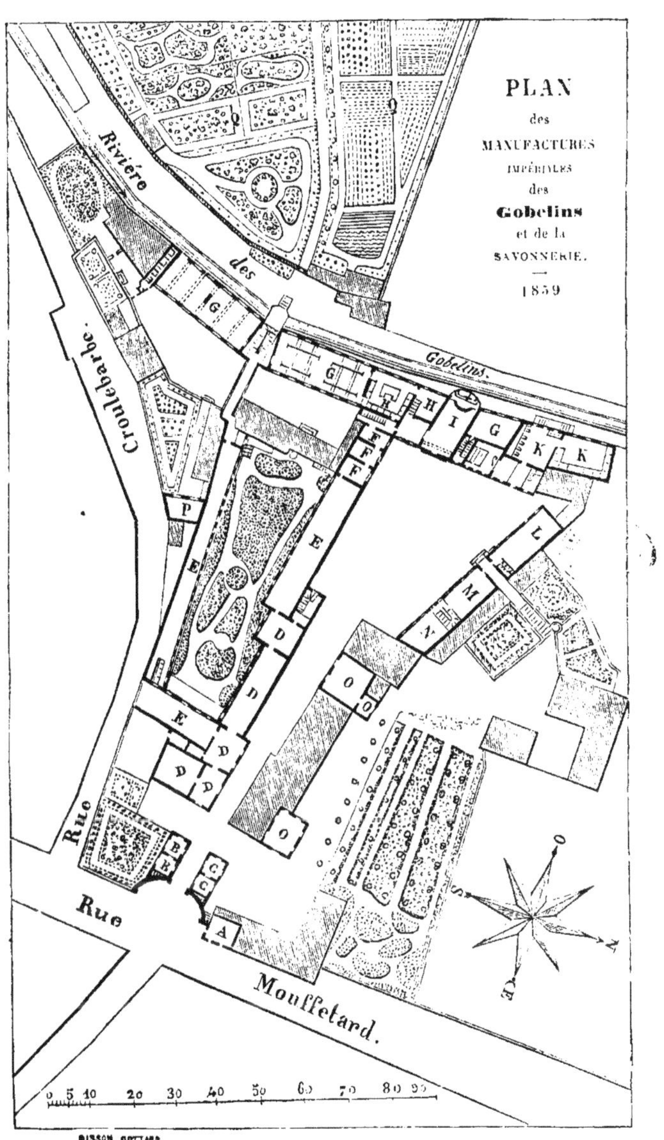
PLAN
des
MANUFACTURES
IMPÉRIALES
des
Gobelins
et de la
SAVONNERIE.
1859
Rivière des Gobelins.
Rue Croulebarbe.
Rue Mouffetard.
0 5 10 20 30 40 50 60 70 80 90
BISSON GOTTARD

CATALOGUE DES TAPISSERIES

EXPOSÉES

A LA MANUFACTURE DES GOBELINS (1).

1. INCENDIE, fragment des *batailles de Scipion*, d'après Jules Romain, exécuté en basse lice, sous le règne de Louis XIV, par l'entrepreneur le Blond.

Hauteur, 4m50; cours (ou largeur), 2m,80.

2. L'ÉCOLE D'ATHÈNES, fragment pour entre-fenêtres, exécuté par Jean Jans, en haute lice, d'après Raphaël. (Fin du dix-septième siècle.)

Hauteur, 4m50; cours, 2m80.

La composition de Raphaël comprend cinquante-deux personnages représentant les sciences, les arts, la philosophie, etc., réunis dans l'enceinte d'un vaste édifice, qui n'est autre que l'église de Saint-Pierre de Rome, dans son plan primitif. Ce fragment, arrangé sous la direction de Ch. le Brun pour tapisserie d'entre-fenêtres, ne montre que quatorze de ces personnages, formant à peu près le quart de la composition totale, pris du côté droit; Archimède donnant la solution d'un problème de géométrie, y est représenté sous les traits de Bramante, architecte de Saint-Pierre; Frédéric II, duc de Mantoue, y figure sous les traits du personnage qui, pour suivre de plus près la démonstration d'Archimède, met un genou en terre. Raphaël s'est représenté lui-même, ainsi que son maître Pérugin, un peu en arrière de Zoroastre, que l'on reconnaît à sa couronne sidérale.

(1) Le défaut d'étendue des salles d'exposition ne permet pas d'exposer simultanément la totalité des tapisseries désignées dans cette notice.

3. Bataille de Constantin contre Maxence, d'après Raphaël et Jules Romain, fragment (côté gauche de la bataille) exécuté, sous la direction de Charles le Brun, par Lefèvre père, avec réhauts d'or. (Fin du dix-septième siècle.)

Hauteur, 4m90; cours, 2m40.

4. Le Parnasse, d'après Raphaël, fragment (côté gauche) exécuté par J. Jans fils, en haute lice. (Fin du dix-septième siècle.)

Hauteur, 4m50; cours, 2m80.

Dans la fresque du Vatican, dont ce fragment et celui qui suit reproduisent la plus grande partie, Apollon, accompagné des Muses, du sommet du Parnasse, domine les poëtes des divers âges : Homère, Anacréon, Pindare, Sapho, Virgile, Horace, Ovide, Dante, Pétrarque et Laure, Boccace, Sannazar, auteur du poëme latin *De partu Virginis*.....

Le coloris de ces tapisseries diffère essentiellement de celui de la composition originale; les vêtements de la plupart des personnages ont été enrichis d'ornements composés et peints par Baptiste Monnoyer, sous la direction de Charles le Brun, en 1685.

5. Le Parnasse (idem), fragment (côté droit) exécuté par J. Jans fils.

Hauteur, 4m50; cours, 2m80.

6. Triomphe de Bacchus, d'après Raphaël et Noël Coypel; tapisserie exécutée, au commencement du dix-huitième siècle, en haute lice, par Lefèvre fils.

Hauteur, 5m; cours, 7m05.

7. Arabesques, d'après Raphaël et Noël Coypel, représentant l'architecture, exécutée en haute lice, au commencement du dix-huitième siècle, par Lefèvre fils.

Hauteur, 5m; cours, 2m40.

8. Arabesques, d'après Hallé (Claude Guy), Boulongne l'aîné, pour les figures, et le Moine (Jean), dit le Lorrain, pour les ornements.

Hauteur, 1m80; cours, 0m50.

Ces fragments décorent les portes des salles d'exposition, et ont été exécutés dans les dernières années du dix-septième siècle.

9. Arabesques, d'après les mêmes, représentant des sujets relatifs à l'art de la musique.

Hauteur, 0m70; cours, 10m50.

10. Arabesques, d'après les mêmes, représentant les dévidoirs et les travaux de teinture des Gobelins.

Hauteur, 0m70; cours, 10m50.

Ces fragments réunis forment une frise continue dans la troisième salle d'exposition; ils sont de même date que les précédents et ont fait partie des mêmes bordures.

11. Bataille d'Alexandre, Porus vaincu, d'après le Brun; fragment pour entre-fenêtres, rehaussé d'or, encadré d'une riche bordure, exécuté sur la fin du dix-septième siècle.

Hauteur, 4m; cours, 2m40.

12. La Famille de Darius aux pieds d'Alexandre, d'après le Brun; tapisserie achevée en 1838.

Hauteur, 4m; cours, 5m35.

Alexandre visite, après la bataille d'Issus, la famille de Darius captive. Sysigambis, mère de Darius, prend Éphestion pour Alexandre et s'excuse de cette méprise : « Non, ma mère, répond Alexandre, vous ne vous êtes pas trompée; celui-ci est un autre Alexandre. » La reine, épouse de Darius, se jette aux pieds du héros; une suite nombreuse de prêtres, de serviteurs et de femmes exprime les sentiments divers dont elle est pénétrée.

13. Entrée triomphale d'Alexandre le Grand a Babylone, d'après Ch. le Brun; tapisserie de haute lice terminée en 1834.

Hauteur, 4m65; cours, 7m15.

Alexandre tient d'une main son épée et de l'autre un sceptre d'or surmonté d'une figure de la Victoire; il est debout sur un char traîné par deux éléphants richement caparaçonnés. On porte devant lui des vases d'or ciselés, l'encens fume sur son passage, la population se presse pour voir son nouveau roi.

14. Termes doubles pour entre-fenêtres, d'après le Brun, exécutés, en basse lice, par l'entrepreneur le Blond, dans les premières années du dix-huitième siècle.

Hauteur, 3m80; cours, 1m59.

15. TERMES SIMPLES, représentant des enfants; même époque.

Hauteur, 4m25; cours, 1m05.

16. LES TAUREAUX, tapisserie de haute lice, exécutée vers 1725 par Louis Ovis de la Tour.

Hauteur, 4m; cours, 4m35.

La pièce des Taureaux tirant un chariot chargé de fruits, fait, ainsi que les trois suivantes, partie de la tenture indienne en huit pièces, dont les modèles originaux, présent d'un prince d'Orange à Louis XIV, avaient été exécutés aux Indes. Après environ quarante ans de service dans les ateliers de haute et de basse lice des Gobelins, ces modèles ont été repeints avec quelques modifications, de 1736 à 1741, par François Desportes.

17. LE CHAMEAU, LE CHEVAL CONDUIT PAR UN INDIEN, etc.; tapisserie de basse lice exécutée par Neilson, en 1785.

Hauteur, 4m; cours, 4m35.

18. LE CHEVAL BRUN, LE TIGRE ROYAL, L'ÉLÉPHANT, LE FOURMILIER, UNE INDIENNE ET UN JEUNE INDIEN RAMASSANT DES FRUITS, etc., etc.

Hauteur, 3m68; cours, 5m40.

Tapisserie exécutée, partie en basse lice, partie en haute lice, de 1825 à 1830, par suite de la translation, en 1826, de la fabrique de basse lice à Beauvais.

19. COMBAT D'ANIMAUX, tapisserie de haute lice exécutée vers 1765.

Hauteur, 4m40; cours, 4m34.

20. PORTIÈRE à fond d'or, représentant l'Hiver sous la figure de Saturne, exécutée en basse lice, de 1700 à 1720, d'après Claude Audran, pour les ornements, et L. Boulongne, pour les figures.

Hauteur, 3m69; cours, 2m60.

21. PORTIÈRE à fond de soie, représentant Junon, exécutée en basse lice, vers 1730, d'après Claude Audran et L. Boulongne.

Hauteur, 3m60; cours, 2m60.

22. PORTIÈRE à fond jaune, d'après François Boucher, sur-inspecteur de la manufacture des Gobelins.

Hauteur, 3m68; cours, 2m50.

L'Amour allumant son flambeau au feu du soleil est le sujet principal de la décoration de cette portière, exécutée en basse lice, vers 1750, par l'entrepreneur Neilson.

23. PORTIÈRE représentant Neptune, exécutée en basse lice, d'après Claude Audran et L. Boulongne, par Neilson, en 1758.

Hauteur, 3m54; cours, 2m96.

24. FOND DE DAIS avec armoiries, exécuté en haute lice, en 1734, par Lefèvre fils, pour le cardinal camerlingue, ministre du pape Clément XII, d'après les dessins de J. R. de Cotte, architecte du Roi et directeur de la manufacture des Gobelins.

Hauteur, 4m76; cours, 3m.

25. LA SEINE, nymphe appuyée sur une urne; tapisserie de haute lice pour dessus de porte, exécutée vers 1760.

Hauteur, 0m90; cours, 0m80.

26. LE CHANT, dessus de porte exécuté en haute lice vers 1760.

Trois jeunes femmes chantent, en s'accompagnant de la lyre. Deux d'entre elles sont debout, la troisième est à demi couchée.

27. APOLLON, couronné de lauriers et tenant une lyre; tapisserie de haute lice pour dessus de porte, exécutée vers 1760.

Hauteur, 0m68; cours, 0m65.

28. LA SAINTE VIERGE contemplant l'enfant Jésus, accompagnée de Chérubins, fragment d'après Carle Maratte, exécuté en haute lice sous le règne de Louis XV.

Hauteur, 0m80; cours, 0m70.

29. CHEVAL DÉVORÉ PAR LES LOUPS, d'après Sneyders; tapisserie exécutée en 1772 (basse lice).

Hauteur, 3m85; cours, 3m35.

30. Vénus aux forges de Vulcain, tapisserie exécutée en 1774, d'après François Boucher, sur-inspecteur de la manufacture des Gobelins, par l'entrepreneur Cozette.

Hauteur, 3m69 ; cours, 3m40.

Vénus, portée sur des nuages et accompagnée d'un Amour qui porte un casque d'or, commande à Vulcain des armes pour Énée. Le dieu, assis sur un rocher, tient une épée dont il touche la pointe, et paraît attentif aux paroles de Vénus. Diverses pièces d'armures, un carquois, sont épars à ses pieds; derrière lui et auprès de sa forge on aperçoit plusieurs Cyclopes; les trois Grâces apparaissent à quelque distance dans les airs, ainsi que les cygnes et le char de la déesse.

31. Silène et Églé, tapisserie exécutée en haute lice, vers 1775, par l'entrepreneur Cozette, d'après Noël Hallé, sur-inspecteur de la manufacture des Gobelins.

Hauteur, 3m78 ; cours, 3m40.

A demi étendu entre deux Satyres, à l'entrée d'une grotte, Silène est barbouillé de mûres par la nymphe Églé; à sa droite, un petit Amour dort couché sur des grappes de raisin ; devant lui, deux autres Amours jouent avec un bélier ; sur un plan plus éloigné, des Nymphes et des Satyres contemplent cette scène en riant.

32. Don Quichotte servi par les Dames, tapisserie exécutée en basse lice, d'après Ch. Coypel, par Neilson, en 1779.

Hauteur, 3m65 ; cours, 5m20.

Cette pièce fait partie d'une série considérable de compositions du même peintre, toutes extraites du roman de *Don Quichotte*. L'entourage, composé de festons de fleurs, de trophées d'armes, de portraits de chevaliers et d'attributs champêtres, est dans une parfaite harmonie avec le sujet principal, et peut passer pour un chef-d'œuvre de décoration en ce genre.

33. Sujet allégorique représentant la Paix, le Commerce et l'Abondance, exécuté en haute lice, vers 1766, d'après une composition attribuée à Belle (Clément-Louis), inspecteur de la manufacture des Gobelins.

Hauteur, 2m45 ; cours, 2m52.

La guerre de 1756 à 1763 fit perdre à la France presque toutes ses colonies; la paix de 1763 les lui fit en partie recouvrer et rétablit le commerce maritime. Tel est l'événement que représente cette tapisserie. Assis au bord de la mer, à l'entrée d'un port, Mercure, le caducée à la main, s'appuie sur *la Paix ;* il est accompagné de *l'Abondance* et commande au *Commerce maritime* de reprendre ses lointaines expéditions. *La Paix* est assise sur un monceau d'armes que la cessation de la guerre a rendues inutiles; *le Commerce*, sous la figure d'un robuste ouvrier, roule aux pieds du dieu un ballot de marchandises ; des navires de commerce sillonnent la mer. Le temple de la Paix se dresse sur le rivage.

34. Sommeil de Renaud, d'après le même; tapisserie exécutée vers 1780, en haute lice.

Hauteur, 2m36; cours, 1m43.

Armide, un poignard à la main, va frapper Renaud endormi ; le guerrier est protégé par l'Amour, qui, assis à ses côtés, étend la main sur lui. De petits Amours dans l'espace, auprès du char aérien de la magicienne, contemplent cette scène.

35. Clytie changée en fleur, d'après le même; tapisserie exécutée vers 1780, en haute lice.

Hauteur, 3m21 ; cours, 1m80.

Fille de l'Océan et de Téthys, Clytie fut aimée du Soleil, puis abandonnée pour Leucothoé; de désespoir, elle se laissa mourir de faim, et fut par Apollon métamorphosée en une fleur appelée héliotrope. Assise en face de l'Océan, au pied d'un rocher, les yeux fixés sur l'astre du jour, Clytie commence à subir sa métamorphose, figurée par une fleur d'héliotrope ou de tournesol qui se montre au-dessus de son front.

36. Enlèvement de Proserpine par Pluton, tapisserie exécutée en haute lice, d'après Vien, vers 1785.

Hauteur, 3m80; cours, 3m50.

Pluton aperçoit Proserpine ornant de fleurs la statue de Cérès, sa mère; il descend de son char, et s'apprête à la ravir pendant qu'elle accomplit cet acte de piété filiale..

37. Triomphe d'Amphitrite, d'après Hugues Taraval, surinspecteur de la manufacture des Gobelins; tapisserie de haute lice, exécutée par Cozette fils, en 1792.

Hauteur, 3m54, cours, 2m96.

Portée sur une vaste conque marine et traînée par un dauphin, la déesse s'avance au milieu des Tritons et des Néréides. Un Amour monté sur le dauphin le dirige; d'autres Amours, tenant une guirlande de fleurs, voltigent dans les airs.

38. ADIEUX D'HECTOR ET D'ANDROMAQUE, d'après la composition de J. M. Vien (1786), tapisserie de haute lice, exécutée par M. Pinard vers 1812.

A l'une des portes de la ville de Troie, Hector, armé et prêt à combattre, se penche avec tendresse vers son fils Astyanax. Andromaque, tout en larmes, montre à son époux Hécube et Priam, qui de loin, sur le seuil de leur palais, étendent les mains vers lui.

39. LE COMBAT DE MARS ET DE DIOMÈDE, tapisserie de haute lice, exécutée vers 1810 par MM. Michel et Desmures, d'après Doyen.

Hauteur, 4m05; cours, 4m92.

Diomède, percé d'une lance, cherche à retirer le fer de sa blessure et semble insulter le dieu qui l'a frappé. Mars, sur son char, le glaive à la main, montre son ennemi vaincu à Minerve qui plane dans l'espace, à ses côtés; la Discorde, tenant un serpent, fuit devant eux. Les compagnons de Diomède jonchent le sol de leurs cadavres; d'autres, atteints par la lance et par la hache, tombent pour ne plus se relever.

40. MÉLÉAGRE ENTOURÉ DE SA FAMILLE qui le supplie de prendre les armes pour repousser les ennemis prêts à se rendre maîtres de la ville de Calydon; tapisserie de haute lice, exécutée en 1812, d'après Menageot, par MM. Laforest père et Pilon.

Hauteur, 4m; cours, 4m90.

41. NAPOLÉON VISITANT LES PESTIFÉRÉS DE JAFFA, 11 mars 1799, d'après Gros.

Hauteur, 5m15; cours, 6m25.

Napoléon, accompagné des généraux Berthier et Bessières, de l'ordonnateur en chef Daure et du médecin en chef Desgenettes, touche les tumeurs pestilentielles d'un malade debout, à moitié nu; des malades sont étendus à terre ou accroupis; l'un d'eux expire sur les genoux de Masclet, jeune chirurgien français, qui lui-même, atteint de la contagion, ne tarde pas à succomber; un médecin turc panse un soldat entièrement nu soutenu par un jeune Arabe; un officier, attaqué d'ophthalmie, s'approche à tâtons en s'appuyant sur une colonne.

Cette tapisserie a été achevée en 1815.

42. Le général Bonaparte faisant grace aux révoltés du Caire, 23 octobre 1798, d'après Guérin (fragment, le tiers de la composition).

Hauteur, 3m35; cours, 1m50.

Napoléon, debout, annonce aux révoltés, réunis sur la place d'El-Bekir, et prisonniers, qu'il leur fait grâce de la vie. Parmi les personnages de sa suite, on reconnaît Murat, en uniforme de hussard, appuyé sur un canon, Monge et Denon, membres de l'Institut d'Égypte.

43. Le général Bonaparte donnant un sabre au chef militaire d'Alexandrie, juillet 1798, d'après Mulard (fragment; le tiers de la composition).

Hauteur, 2m30; cours, 1m15.

Après la prise d'Alexandrie, qui eut lieu le 3 juillet 1798, les imans, les cheiks, les chérifs, se présentent au général Bonaparte; il les accueille avec bonté et honore la valeur avec laquelle ils ont défendu leur ville, en donnant un sabre à leur chef militaire. Celui-ci reçoit ce présent à genoux, et jure de ne s'en servir que pour la cause des Français.

44. Napoléon donnant l'ordre avant la bataille d'Austerlitz, 2 décembre 1805, d'après Carle Vernet (fragment, moitié de la composition.)

Hauteur, 3m30; cours, 2m70.

Le jour de la bataille, l'Empereur était à cheval avant le jour, entouré de tous ses généraux, Murat, Bernadotte, Soult, Lannes, Davoust, Duroc et Bessières. Au premier rayon du jour, s'apercevant que l'armée combinée quittait les hauteurs de Pratzen, il donna ordre au maréchal Soult de s'en emparer.

45. La Reddition de Vienne, d'après Girodet-Trioson, 13 novembre 1805 (fragment, la moitié du tableau).

Hauteur, 3m30; cours 1m70.

Le clergé, les généraux commandant la place, les officiers municipaux, présentent à l'Empereur les clefs de Vienne. Cette députation était composée de l'évêque de Seidenstetten, du prince

de Sinzendorf, du comte de Veterani, du baron de Kees, du bourgmestre M. de Wohlleben, et du général Bourgeois, du corps du génie.

L'armée prit possession de la ville, mais l'Empereur n'y séjourna que peu d'instants et se rendit aussitôt au château impérial de Schœnbrunn, où il établit son quartier général. On trouva dans Vienne plus de 2,000 pièces de canon, 100,000 fusils et d'immenses munitions de tout genre.

46. Le 76e régiment de ligne retrouvant ses drapeaux dans l'arsenal d'Inspruck, 7 novembre 1805, d'après Meynier (fragment, la moitié de la composition).

Hauteur, 3m30; cours, 2m30.

Après la prise du Tyrol par le maréchal Ney, un officier ayant reconnu dans l'arsenal d'Inspruck trois drapeaux autrefois perdus, dans le pays des Grisons, par le 76e de ligne, le maréchal Ney voulut les remettre lui-même aux soldats de ce régiment; en les recevant, les vieux soldats pleuraient de joie, les jeunes se félicitaient d'avoir aidé à reprendre ces dépouilles opimes enlevées à leur régiment par le sort des armes.

47. Napoléon accorde a la princesse d'Hatzfeld la grace de son mari, 28 octobre 1806, d'après Charles de Boisfremont (fragment, les quatre cinquièmes de la composition).

Hauteur, 2m55; cours, 2m20.

Le prince d'Hatzfeld avait été chargé par Napoléon du gouvernement civil de Berlin. Des lettres interceptées aux avant-postes firent connaître qu'il instruisait le prince de Hohenlohe des mouvements de l'armée française. Il fut arrêté, et il allait être traduit devant une commission militaire, quand la princesse d'Hatzfeld vint se jeter aux pieds de l'Empereur, protestant de l'innocence de son mari.

« Vous connaissez l'écriture de votre mari, lui dit l'Empereur, je vais vous en faire juge; » et il lui remit la lettre interceptée. La princesse, grosse de plus de huit mois et qui jusque-là avait cru à l'innocence de son mari, à cette preuve accablante fut au moment de s'évanouir. « Eh bien, reprit l'Empereur, vous tenez cette lettre, jetez-la au feu; cette pièce anéantie, je ne pourrai plus faire condamner votre mari. »

48. Napoléon recevant au camp de Finkenstein l'ambassadeur de Perse, d'après Mulard (le tiers de la composition, côté gauche).

Hauteur, 2m30 ; cours, 1m15.

L'Empereur ayant transporté son quartier général au château de Finkenstein, y reçut, le 27 avril 1807, l'ambassadeur de Perse, Myrza, qui lui remit de beaux présents de la part de son maître. Myrza reçut en échange le portrait de l'Empereur enrichi de pierreries.

49. Portrait de l'impératrice Joséphine, d'après Lethière ; tapisserie exécutée en 1809.

Hauteur, 0m89 ; cours, 0m70.

50. Entrevue des empereurs Napoléon et Alexandre sur le Niémen, le 25 juin 1807, d'après Gautherot (fragment).

Hauteur, 2m30 ; cours, 0m80.

Cette entrevue eut lieu onze jours après la bataille de Friedland. Napoléon et Alexandre s'y rendirent, en barque, chacun de son côté, et mirent en même temps le pied sur un radeau préparé pour les recevoir au milieu de la rivière, ils s'embrassèrent, et entrèrent immédiatement dans un vaste pavillon élevé sur le radeau. Leur conférence dura deux heures. Un autre radeau, également surmonté d'un pavillon, réunit la suite des deux empereurs.

51. Napoléon recevant la reine de Prusse a Tilsitt, 6 juillet 1807, d'après Berton (fragment).

Hauteur 3m30 ; cours 1m25.

L'empereur, accompagné du grand-duc de Berg, des maréchaux Berthier et Ney, du général Duroc et du baron Fain, secrétaire de son cabinet, alla au-devant de la reine jusque dans la rue et la reçut au bas des degrés de l'escalier.

52. Napoléon a Tilsitt décore un soldat de l'armée russe, 9 juillet 1807, d'après Debret (fragment, la moitié de la composition).

Hauteur, 3m30 ; cours, 2m30.

Pour honorer la bravoure de l'armée russe, Napoléon, avec l'assentiment de l'empereur Alexandre, se fait désigner l'un des plus braves cavaliers de la garde impériale russe, et détachant sa croix, il la lui donne. Pénétré de reconnaissance, ce brave se précipite sur la main de Napoléon pour la baiser.

L'empereur Alexandre, dans le fragment exposé, occupe à peu près le centre de la composition. On ne voit de Napoléon que sa main tenant la croix.

53. Les armes de l'Empire, portière à fond rouge semée d'abeilles, exécutée vers 1811.

Hauteur, 3m52; cours, 2m45.

54. Les armes du royaume d'Italie, portière à fond rouge semée d'abeilles, exécutée vers 1811.

Hauteur, 3m10; cours, 2m50.

55. L'Europe, l'Asie, l'Afrique, l'Amérique, quatre portières en soie, sur fond vert, exécutées d'après Dubois; vers 1812.

Hauteur, 3m42; cours de chaque portière, 2m70.

56. La Science, l'Agriculture, la Victoire, la Renommée, quatre portières en soie sur fond cramoisi uni, exécutées d'après Dubois vers 1813, et une répétition des mêmes portières en laine.

Le fond était primitivement semé d'abeilles; il a été remplacé par le fond actuel dans les premières années de la Restauration; on a aussi remplacé par des L les N qui figuraient dans les bordures.

Hauteur, 3m42; cours de chaque portière, 2m72.

57. Borée enlevant Orithye, d'après Vincent, par M. Pilon fils; tapisserie achevée vers 1815.

Hauteur, 3m20; cours, 2m70.

Orithye, reine des Amazones, était fille d'Érechthée, et devint mère de Zéthès et de Calaïs.

58. Portrait de Louis XVIII, en buste, d'après Gérard; tapisserie achevée vers 1816.

Hauteur, 0m85; cours, 0m62.

59. Portrait du Dauphin (duc d'Angoulême), d'après Lawrence; tapisserie exécutée vers 1817, par M. Maloisel (Pierre).

60. Zeuxis choisissant un modèle pour peindre Hélène,

tapisserie exécutée d'après Vincent, par M. Pilon père, en 1817 (fragment, les trois cinquièmes de la composition environ).

Hauteur, 3m20; cours, 2m50.

Une jeune fille, mise par sa mère sous les yeux du peintre, semble exciter en lui un vif sentiment d'admiration; une autre jeune fille se baisse pour ramasser les vêtements du modèle. Le peintre est assis devant son chevalet, une main appuyée sur une table ronde; trois vieillards, placés derrière lui, l'accompagnent. Dans la partie de cette composition que la tapisserie ne reproduit pas, on voit indépendamment du modèle élevé sur une estrade, une jeune fille se cacher, pleine de confusion, dans les bras d'une de ses compagnes.

Cette pièce est exécutée sur chaîne de soie.

61. Portrait en pied de Louis XVI, d'après Callet; tapisserie de haute lice, exécutée en 1817 par M. Limosin (Louis), dit Laforest, ancien chef d'atelier.

62. Portrait de Louis XVI, en buste, tapisserie exécutée, vers 1816, par M. Martin.

Hauteur, 1m10; cours, 0m95.

Dans ce portrait, Louis XVI porte le costume d'officier supérieur des cent-suisses.

63. Cléombrote et Chélonis, tapisserie de haute lice, exécutée en 1819 par M. Folliau; d'après M. Lemonnier, directeur de la manufacture des Gobelins, de 1810 à 1816.

Hauteur, 3m35; cours, 2m85.

Cléombrote, après avoir épousé Chélonis, fille de Léonidas, monte, au préjudice de son beau-père, sur le trône de Sparte. Chélonis l'abandonne, pour suivre son père dans la mauvaise fortune. Mais bientôt Léonidas est rappelé par les Lacédémoniens et condamne son gendre à mort. Chélonis se jette aux pieds de son père, obtient la commutation de cette peine en un simple exil; et lorsque Léonidas la prie de rester auprès de lui, déclare qu'elle suivra son mari en exil. Cet acte de dévouement est le sujet que le peintre a voulu représenter.

64. La reine Marie-Antoinette et ses enfants, d'après

madame Le Brun; tapisserie de haute lice achevée en 1818 par M. Claude, chef d'atelier.

Hauteur, 2m90; cours, 2m30.

65. Sylvie sauvée par Aminte, tapisserie de haute lice, exécutée en 1796, d'après une composition de François Boucher.

Hauteur, 3m70; cours, 2m40.

Ce sujet est tiré de la *tragi-comédie* du Tasse, *Aminte et Sylvie* : Aminte détache les liens qui retiennent Sylvie au tronc d'un arbre, et la préserve ainsi des atteintes d'*un monstre*.

66. Piété filiale, ou Offrande a Esculape, d'après Guérin; tapisserie de haute lice, achevée le 20 décembre 1820, par M. Martin.

Hauteur, 3m35; cours, 2m55.

Devant l'autel d'Esculape, chargé de fruits, un vieillard malade est soutenu par ses deux fils, tandis que sa fille, agenouillée à ses pieds, contemple le dieu, qui daigne se montrer sous la forme d'un serpent.

67. Phèdre et Hippolyte, d'après le même peintre, tapisserie de haute lice, achevée en 1823, par M. Limosin, dit Laforest, actuellement chef d'atelier.

Hauteur, 2m60; cours, 3m56.

Phèdre, tenant sur ses genoux le glaive qu'elle a arraché à Hippolyte, persiste dans son accusation; Œnone la conseille; Thésée, par ses regards irrités, exprime toute sa colère contre le jeune prince; celui-ci, le bras étendu, proteste contre la calomnie de sa belle-mère.

68. Pyrrhus et Andromaque, tapisserie de haute lice, achevée le 30 juin 1832, d'après le même peintre, par M. Fleury.

Hauteur, 3m63; cours, 4m45.

Oreste, au nom des Grecs, vient demander Astyanax; Andromaque, agenouillée et en pleurs aux pieds de Pyrrhus, met son fils sous la protection de ce prince, qui étend sur lui sa main et son sceptre; Hermione, jalouse du pouvoir de sa rivale, s'éloigne avec colère.

69. Pierre le Grand sur le lac de Ladoga, d'après Steuben; tapisserie de haute lice terminée en 1824 par M. Duruy (Charles), chef d'atelier.

Hauteur, 3m50; cours, 4m96.

Une violente tempête va submerger l'embarcation qui porte Pierre le Grand: le mât est brisé, l'unique voile emportée; renouvelant un trait célèbre de Jules César, Pierre saisit le gouvernail et dit aux matelots effrayés : « Ne craignez rien, le czar est avec vous! »

70. La Conjuration des Strélitz, d'après le même peintre, tapisserie de haute lice terminée en 1838 par M. Julien (Guillaume).

Hauteur, 4m20; cours, 4m65.

Lors de la révolte des Strélitz, Pierre Ier, enfant, fut conduit par sa mère et un petit nombre de serviteurs fidèles au couvent de la Trinité, à quelques lieues de Moscou. Cette retraite fut connue des rebelles. Une troupe furieuse accourt, enfonce les portes et massacre tout ce qu'elle rencontre. La czarine, avec son fils, poursuivie par deux meurtriers, se réfugie dans une chapelle, place son enfant sous l'image de la Vierge, et menace les assassins de la vengeance divine s'ils osent consommer leur crime. Saisi de respect, l'un d'eux se prosterne; l'autre hésite, regarde l'image, et dit à son camarade : « Frère, non, pas près de l'autel. » Cependant un nombreux détachement de cavalerie vole au secours du czar; les rebelles prennent la fuite, l'enfant et la mère sont sauvés.

71. Jeanne d'Arc, d'après Blondel; tapisserie exécutée en haute lice par M. Duruy (Alexandre).

Hauteur, 1m02; cours, 0m69.

Revêtue de son armure et debout sur les remparts d'Orléans, l'héroïne tient d'une main son épée, dont la pointe est baissée; de l'autre, elle s'appuie sur la hampe d'un étendard fleurdelisé sur lequel on lit : Jesus, Maria.

72. Sainte Clotilde, d'après le même peintre; tapisserie de haute lice, exécutée par M. Maloisel (Pierre).

Hauteur, 1m21; cours, 0m75.

Sainte Clotilde, revêtue des habits royaux, le front orné du diadème, remercie Dieu de la conversion de Clovis, et consacre sur son autel l'épée qui, par sa protection visible, fut victorieuse à Tolbiac.

73. Joseph reconnu par ses frères, d'après Antoine Coypel, tapisserie de basse lice, exécutée vers 1825 par M. Desroy (Laurent) et inachevée, par suite de la translation des métiers de basse lice à Beauvais, en 1826.

Hauteur, 3m50; cours, 2m60.

« Je suis, dit-il, Joseph, votre frère, que vous avez vendu pour l'Égypte; ne craignez point, et qu'il ne vous semble pas trop pénible de m'avoir vendu pour ce pays; car Dieu m'a envoyé devant vous en Égypte, pour votre salut..... Et s'étant jeté au cou de Benjamin, son frère, il l'embrassa et pleura; et Benjamin pleura aussi, penché sur son cou; il embrassa tous ses frères et pleura sur chacun d'eux : après cela, ils osèrent lui parler... »

(Gen., ch. XLV.)

74. Prédication de saint Paul a Athènes, d'après les tapisseries du Vatican, copiées à Rome, vers 1688, par les élèves de l'école française; tapisserie de haute lice, exécutée vers 1830 (fragment, environ les deux cinquièmes de la composition).

Hauteur, 3m75; cours, 1m80.

Des disciples d'Épicure ayant vu saint Paul chercher à détacher les Athéniens du culte des idoles, le conduisirent au milieu de l'aréopage, pour savoir, disaient-ils, quelle était la foi nouvelle que prêchait l'apôtre :

Paul donc debout au milieu de l'Aréopage, dit : « Athéniens, il me semble qu'en toutes choses vous êtes religieux jusqu'à l'excès; car, passant, et voyant les statues de vos dieux, j'ai trouvé même un autel où était écrit : Au dieu inconnu. Ce dieu donc que vous adorez sans le connaître, est celui que je vous annonce... »

(Actes des Apôtres, chap. XVII.)

75. Saint Paul et saint Barnabé, a Lystra, refusant un sacrifice, d'après les tapisseries du Vatican et une copie de même date que la précédente; tapisserie commencée le 15 juillet 1849, et achevée le 7 avril 1855, par MM. Prévotet et Marie (Gilbert).

Hauteur, 3m80; cours, 4m75.

Saint Paul et saint Barnabé prêchant l'Évangile dans la ville de Lystra, guérirent un homme boiteux de naissance; le peuple alors les prit pour des dieux, » et il appelait Barnabé, Jupiter, et Paul, Mercure, parce que c'était Paul qui parlait.

« Le prêtre même de Jupiter, dont le temple était près de la ville, parut avec des taureaux et des couronnes, et voulait, ainsi que le peuple, leur sacrifier; mais les apôtres, Barnabé et Paul, l'ayant appris, déchirèrent leurs vêtements et s'avancèrent au milieu de la foule, s'écriant : « Amis, qu'allez-vous faire? Nous sommes mortels et hommes comme vous, et nous vous exhortons à abandonner ces superstitions pour vous convertir au Dieu vivant qui a fait le ciel, la terre, la mer, et tout ce qu'ils renferment... »

(Actes des Apôtres, ch. XIV.)

76. Le Loup et l'Agneau, d'après Oudry; tapisserie de haute lice terminée le 15 avril 1842, et exécutée par MM. Delahaye (Paul), Harland, Thiers.

Hauteur, 1m04, cours, 1m45.

« Un agneau se désaltérait
Dans le courant d'une onde pure.
Un loup survient à jeun qui cherchait aventure,
Et que la faim en ces lieux attirait... »

(La Fontaine, L. Ier, f. 10.

77. La Lice et sa Compagne, d'après Oudry; tapisserie de haute lice, terminée le 15 avril 1842 par M. Prévotet.

Hauteur, 1m02; cours, 1m43.

La lice, cette fois, montre les dents et dit :
« Je suis prête à sortir avec toute ma bande,
Si vous pouvez nous mettre hors.
Ses enfants étaient déjà forts. »

(La Fontaine, L. II, f. 7.)

78. Le Printemps, d'après M. Steinheil, imitation libre d'une composition de Lancret; tapisserie de haute lice terminée en 1851 par M. Duruy (Alexandre), sous-chef d'atelier. L'entourage, d'après Jacques, peintre de fleurs et d'ornements, a été exécuté vers 1780.

79. L'Automne, d'après les mêmes peintres; tapisserie achevée en 1851 par M. Maloisel père. L'entourage est de même date que le précédent.

80. Les Honneurs de la sépulture rendus aux cendres de

Phocion, d'après Meynier; tapisserie de haute lice exécutée par M. Flament (René-Marie-Aimable), et terminée le 31 mars 1838.

Hauteur, 3m30; cours, 4m.

Les ennemis de Phocion avaient fait décréter que son corps serait porté hors du territoire de l'Attique, et que nul Athénien ne pourrait donner de feu pour ses funérailles. Aucun de ses amis n'osa seulement toucher à son corps; mais un certain Conopion, accoutumé à vivre du produit de ces sortes de fonctions, transporta le corps au delà des terres d'Éleusis, et le brûla. Une femme qui se trouva par hasard à ces funérailles avec ses esclaves, lui éleva dans le lieu même un cénotaphe, y fit les libations d'usage, et mettant dans sa robe les ossements qu'elle avait recueillis, elle les porta la nuit dans sa maison et les enterra sous son foyer en disant : « O mon foyer! je dépose dans ton sein ces précieux restes d'un homme vertueux; conserve-les avec soin pour les rendre au tombeau de ses ancêtres, quand les Athéniens seront revenus à la raison. »

81. La fondation du musée historique de Versailles, sous forme allégorique, d'après MM. Alaux et Couder; tapisserie de haute lice exécutée par MM. Rançon (Louis), Munier (Pierre), Hupé, Manigant, et terminée le 9 septembre 1848.

Le champ de cette pièce est de forme elliptique.

Hauteur, 2m10; cours, 3m12.

Trois génies ailés présentent à Minerve, assise au centre de la composition, le plan d'élévation du palais de Versailles, où se lit l'inscription : A toutes les gloires de la France. Debout derrière la déesse, et appuyée sur elle, la France, une branche d'olivier à la main, inspire la pensée de cette fondation, pensée que vont s'empresser de réaliser, par l'ordre de Minerve, les génies des arts, la Peinture, la Sculpture, l'Architecture, l'Histoire, la Poésie. On aperçoit à peu de distance l'arc de triomphe de l'Étoile, l'obélisque de Louqsor et les Tuileries.

82. Le Louvre et les Tuileries, d'après MM. Alaux, Couder aîné et Amédée Couder; tapisserie de haute lice achevée le 24 janvier 1857.

Hauteur, 4m30; cours, 7m95.

Le Louvre (côté de la rivière), la galerie du Louvre aux Tuileries et le pavillon de Flore, sont représentés dans l'état où ces édifices se trouvaient en 1852; un plan général, inscrit dans l'entourage, indique par masses l'ensemble des constructions antérieures à cette date, et de celles qui ont été faites, en dernier lieu, pour réunir le Louvre aux Tuileries. Une inscription rappelle les noms des souverains qui ont contribué, en divers temps, à l'érection de ces palais. Deux monuments de sculpture reproduits de ceux du jardin des Tuileries : *Borée enlevant Orithye, le Temps emportant la Beauté*, complètent la décoration de cette tapisserie, à laquelle ont travaillé MM. Gilbert et Buffet, avec quelques autres artistes, pour l'entourage; MM. Flament père et Bloquère, pour la vue du Louvre et des Tuileries; M. de Brancas, pour l'enlèvement d'Orithye; M. Lemoine fils, pour le deuxième morceau de sculpture.

83. JUNON, CÉRÈS ET VÉNUS, d'après Raphaël; tapisserie de haute lice exécutée, du 15 juillet 1849 au 25 octobre 1853, par M. Gilbert, chef d'atelier.

Hauteur, 2m56; cours, 2m25.

Cette composition, ainsi que les trois suivantes, représente une partie de la fable de Psyché, et décore l'un des pendentifs de la Farnésine, à Rome.

Vénus demande à Junon et à Cérès, qui sont venues la visiter, de l'aider dans ses recherches pour découvrir la retraite de Psyché.

84. PSYCHÉ RAPPORTANT DES ENFERS LA BOÎTE DE BEAUTÉ, tapisserie de haute lice, d'après Raphaël, exécutée du 2 août 1848 au 8 mars 1851, par M. Munier (Pierre).

Hauteur, 2m44, cours, 2m25.

Psyché, d'après les ordres de Vénus, qui l'a déjà soumise à diverses épreuves, descend aux enfers et reçoit des mains de Proserpine *des parcelles de beauté* renfermées dans une boîte qu'elle ne doit pas ouvrir; elle retourne à la lumière, portant cette mystérieuse boîte, et ne résiste pas à la tentation d'en examiner le contenu; il s'en échappe une vapeur nauséabonde et somnifère; Psyché, punie de sa curiosité, tombe évanouie, la face contre terre; l'Amour survient, renferme les gaz délétères dans la boîte, relève Psyché, la guérit de ses blessures, et lui donne une escorte de jeunes Amours qui la conduisent auprès de Vénus.

85. JUPITER CONSOLANT L'AMOUR, tapisserie de haute lice, d'après Raphaël, exécutée du 22 novembre 1849 au 28 février 1852, par M. Rançon (Louis).

Hauteur, 2m57; cours, 2m30.

L'Amour se plaint à Jupiter des persécutions que subit sa bien-aimée Psyché, et le prie de lui permettre de l'épouser. Jupiter l'accueille avec bonté et l'embrasse; mais une affaire de cette importance ne peut se terminer que devant le céleste Aréopage; il faut d'ailleurs obtenir le consentement de Vénus, qui jusque-là s'est montrée très-hostile à Psyché.

86. L'ASSEMBLÉE DES DIEUX, d'après Raphaël et une copie de Papety; tapisserie de haute lice, exécutée du 18 octobre 1848 au 28 février 1852, par MM. Buffet, sous-chef, Munier (Pierre), Greliche (Alexandre), Collin, Margarita, Hupé, Besson père.

Hauteur, 3m25; cours, 7m60.

Debout devant le maître des dieux, l'Amour plaide la cause de Psyché et la sienne; Vénus, tout d'abord opposée aux vœux de son fils, se rend à l'évidence des motifs qu'il produit; les dieux délibèrent; d'une commune voix, ils consentent à l'alliance proposée et à ce que l'Olympe compte, dans la personne de Psyché, une divinité de plus. On les reconnaît à leurs attributs : les dieux et les déesses, les premiers en rang et en puissance, se groupent à droite, avec Jupiter et Junon; Jupiter pose le pied droit sur un globe, son aigle l'accompagne; Junon est à sa gauche, un paon à ses pieds; puis viennent Pallas et Diane; Pallas armée d'une lance, coiffée d'un casque, la poitrine couverte d'une cuirasse; Diane, un croissant sur le front. Assis à la droite de Jupiter, Neptune porte le trident; Pluton, dieu des enfers, a pour sceptre une fourche à pointes recourbées, et pour fidèle compagnon Cerbère, qui hurle de ses trois gueules béantes. Vénus, debout derrière l'Amour, n'a d'autres insignes que ses cheveux blonds et sa beauté à demi voilée. Près de Vénus, Mars, armé de toutes pièces, occupe à peu près le centre de la composition; Apollon, une main appuyée sur sa lyre, montre de l'autre à Bacchus, son voisin de droite, couronné de pampres et de raisin, les principaux acteurs de cette scène; Hercule s'appuie sur sa massue, de l'une de ses épaules pend la dépouille du lion de Némée; Janus possède deux visages, l'un de forme et d'expression juvéniles, l'autre vieux et sévère. Vulcain apparaît derrière lui, portant sur son épaule gauche une paire de tenailles de forgeron ; Mercure, debout, le caducée à la main, le bonnet ailé sur la tête, reçoit d'Hébé une coupe d'ambroisie, probablement destinée à la future déesse Psyché ; un petit Amour s'attache aux genoux d'Hébé. Deux fleuves, le Tigre et le Nil, à demi étendus, l'un appuyé sur la croupe d'un tigre, l'autre sur un sphinx, assistent avec un intérêt marqué au débat qui s'agite entre Jupiter, Vénus et l'Amour.

87. Portrait de Ch. le Brun, avec entourage symbolique, représentant la Sculpture, l'Architecture, la Peinture, la Tapisserie, d'après M. Couder ; tapisserie commencée le 19 novembre 1852, et achevée le 10 avril 1855. Le portrait par M. Duruy (Alexandre), l'entourage par MM. Buffet et Durand.

Hauteur, 1m62 ; cours, 1m22.

88. Portrait de Charles le Brun, premier peintre de Louis XIV, d'après Largillière ; tapisserie exécutée sur la fin du dix-huitième siècle.

Hauteur, 0m89 ; cours, 0m70 (champ de forme elliptique).

89. Portrait de Colbert, d'après Claude Lefebvre ; tapisserie commencée le 17 novembre 1852, et achevée le 22 mai 1855 par M. Buffet, sous-chef d'atelier.

Hauteur, 1m49 ; cours, 1m22.

90. Le Christ au tombeau, d'après Philippe de Champaigne ; tapisserie commencée le 27 août 1853, et achevée le 30 septembre 1854, par M. Ed. Flament.

Hauteur, 0m70 ; cours, 2m.

91. Sainte Famille, dite de Fontainebleau, d'après Raphaël et une ancienne copie ; tapisserie commencée le 24 mai 1852, terminée le 15 octobre 1856, par M. Margarita.

Hauteur, 2m13 ; cours, 1m46.

L'Enfant Jésus quitte son berceau et se jette dans les bras de la sainte Vierge ; saint Jean, prosterné et en adoration, lui est présenté par sainte Élisabeth ; un Ange répand des fleurs sur la Mère et sur l'Enfant, un autre se prosterne ; saint Joseph est absorbé dans la contemplation de cette scène.

92. Portrait de Louis XIV, d'après Rigaud; tapisserie commencée le 15 juin 1853, terminée le 11 novembre 1857, par M. Collin.

Hauteur, 2m82; cours, 1m95.

L'original de ce portrait existe au musée de Versailles, et a été peint en 1700. Cette tapisserie et celles qui représentent Colbert et Ch. le Brun (nos 87, 89) ont été ordonnées pour la manufacture des Gobelins elle-même, et pour y être conservées comme des monuments à la mémoire de trois insignes bienfaiteurs de cet établissement. (Décision ministérielle du 8 mai 1852.)

93. La Transfiguration, d'après Raphaël, et une copie de M. Ch. Santi, de Vérone; tapisserie commencée le 22 novembre 1851, achevée le 17 novembre 1857, par MM. Gilbert, chef d'atelier, Maloisel, Sollier (Charles), Prudhomme (Louis), Tourny, Maloisel fils.

Hauteur, 4m25; cours, 2m84.

« ..... Jésus prit avec lui Pierre, Jacques et Jean, frère de Jacques, et les conduisit à l'écart sur une montagne élevée; et il se transfigura devant eux, et son visage resplendit comme le soleil, et ses vêtements devinrent blancs comme la neige, et en même temps Moïse et Élie leur apparurent, s'entretenant avec lui. Or, Pierre dit à Jésus : Seigneur, il nous est bon d'être ici; si vous voulez, faisons ici trois tentes, une pour vous, une pour Moïse et une pour Élie. Il parlait encore lorsqu'une nuée lumineuse les couvrit; et voilà qu'une voix sortit de la nuée disant : Celui-ci est mon fils bien-aimé, en qui j'ai mis toutes mes complaisances; écoutez-le. Et les disciples entendant tombèrent la face contre terre et furent dans un grand effroi.... »

(Saint Matthieu, chap. xvii.)

Au bas de la montagne, le peuple attend le Sauveur pour le prier de guérir un enfant possédé du démon (*ibid.*)

Cette tapisserie est la première et l'unique reproduction qui ait été faite aux Gobelins du chef-d'œuvre de Raphaël.

94. L'Assomption, d'après Vecellio (Tiziano) et une copie faite à Venise par M. Serrur; tapisserie exécutée, du 5 juillet 1852 au 25 novembre 1858, par MM. Gre-

liche père, Hippolyte Lucas, Prudhomme (Louis), Sollier (Charles), Julien, Hemery, Besson père.

Hauteur, 7m; cours, 3m46.

Cette composition est l'une de celles qui ont fait appeler Titien le plus grand coloriste de l'Italie; toutes les ressources de l'art du tapissier et de la teinture ont été employées pour rendre la splendeur des cieux entr'ouverts, la belle et noble figure de la Vierge, accompagnée de trente petits Anges, l'énergique réalité des Apôtres, restés sur la terre, et contemplant l'élévation de la Reine du ciel.

La tapisserie précitée est la seule reproduction faite aux Gobelins de cette œuvre célèbre de Titien.

95. **Portrait de S. M. l'Empereur Napoléon III, avec entourage symbolique, tapisserie exécutée, du 15 mars 1855 au 31 décembre 1858, par MM. Margarita, pour le portrait, et Duruy (Alexandre) pour l'entourage.**

Hauteur, 2m11; cours, 1m40.

Cette tapisserie, ainsi que la suivante, a eu pour modèles un portrait de Winterhalter légèrement modifié d'attitude et de détails, pour l'ajuster au champ exigu dont on disposait, et une composition spéciale pour l'entourage, œuvre de M. Galland, peintre d'ornement, remaniée, complétée et repeinte, à peu près en entier, par MM. Abel et Hippolyte Lucas.

Debout, dans l'attitude du commandement, la main de justice dans la main droite, et la gauche appuyée sur son épée, l'Empereur porte l'uniforme de général de division, les insignes de grand maître de l'ordre de la Légion d'honneur et le manteau d'hermine. Derrière Sa Majesté on aperçoit la couronne, posée sur une table, et en partie cachée par les amples plis du manteau impérial.

Le cadre d'or, de forme elliptique, taillé d'ornements, qui circonscrit le champ de ce portrait, est fixé sur une grande plaque de marbre, entouré d'un feston de fleurs d'hortensia; il est surmonté d'une étoile, de la couronne impériale, du sceptre et de la main de justice. Au bas de la composition, un aigle aux ailes éployées tient la foudre dans ses serres et repose sur un globe d'azur; deux banderoles sortent du feston à droite et à gauche de l'aigle, et portent les mots : Honneur, Patrie.

96. PORTRAIT DE S. M. L'IMPÉRATRICE EUGÉNIE, tapisserie commencée le 25 octobre 1854 et terminée le 22 octobre 1858. Ce portrait a été exécuté par M. Collin père, l'entourage par MM. Munier père, Bloquère, Flament (Émile).

Hauteur, 2m11 ; cours, 1m40.

Debout, la main gauche appuyée au bord d'une table sur laquelle repose la couronne impériale, Sa Majesté porte le grand costume de cour, avec manteau de velours vert, un collier de perles, un diadème de perles et de diamants, les insignes de l'ordre royal des Dames nobles de Marie-Louise (d'Espagne).

Un cadre d'or, de forme elliptique, surmonté d'une étoile et d'une couronne, circonscrit également le champ de ce portrait; il est enveloppé d'un feston de fleurs variées qui se rattache, par deux patères d'or, aux angles supérieurs de la plaque de marbre servant de fond. Un globe d'azur se montre à demi dans le bas de la composition; au-dessus de ce globe plane une colombe blanche portant une branche d'olivier. On lit enfin sur une banderole enroulée autour du feston de fleurs, l'inscription : PIÉTÉ, CHARITÉ.

97. LA DISEUSE DE BONNE AVENTURE, d'après François Boucher; tapisserie exécutée, du 11 octobre 1854 au 16 février 1859, par M. Desroy (Jean) pour les figures, et par M. Tourny pour le paysage.

Hauteur, 2m35; cours, 1m80.

Assises près d'un ruisseau, au-dessous du bassin d'une fontaine d'architecture rustique, ombragée de grands arbres et surmontée de deux petits Amours, deux jeunes femmes consultent une magicienne qui, debout devant elles, suit du doigt, avec la plus grande attention, les linéaments internes de la main qui lui est confiée, et semble laisser tomber de ses lèvres quelque infaillible pronostic. Un petit garçon s'attache, d'une main, à la robe de la diseuse de bonne aventure, et de l'autre porte une baguette. Les deux jeunes femmes tiennent chacune une pièce de monnaie, dont elles vont rémunérer cette consultation.

98. LE PÊCHEUR, d'après le même peintre; tapisserie exécutée du 16 octobre 1854 au 24 février 1859.

Hauteur, 2m35; cours, 1m80.

Un pêcheur vient de jeter sa ligne dans un ruisseau, à bords abruptes, encaissé de roches. Deux jeunes femmes, l'une assise et appuyée contre les genoux du pêcheur, l'autre debout et portant un panier de fleurs à l'extrémité d'un bâton posé en travers sur son épaule gauche, suivent de l'œil les mouvements de la ligne entraînée par le poisson, qui a mordu à l'appât. Un petit enfant examine de son côté, et se serre contre la jeune femme debout; de grands arbres ombragent le lieu de la scène et servent de point d'appui à une baraque de pêcheur en clayonnages; un baquet plein d'eau est prêt à recevoir le poisson. Des ruines apparaissent à peu de distance, dans une campagne accidentée.

TAPIS DE LA SAVONNERIE.

99. Tapis d'après M. Desplechin; exécuté, du 15 septembre 1855 au 30 juin 1859, par MM. François, sous-chef d'atelier, Legrand jeune, Plistat (Georges), Carmont, Véronèse, Dumontel, Poutrel, Barat, Tibivillers, Sonveaux, Roger, Rayé, Laloutre, Besson, Brulefert, Lépine, Fillette, Gouhier.

Longueur, 9^m24; largeur, 5^m32.

Ce tapis est une imitation libre d'un ancien tapis, présumé de l'époque de Henri IV, et paraissant avoir fait partie du grand tapis, en 92 pièces, de la galerie du Louvre aux Tuileries.

100. Écran représentant un ara, exécuté en 1856 par les élèves de l'École de tapis.

Hauteur, 0^m80; largeur, 0^m60.

101. Fond de siége, fleurs sur fond vert, exécuté par M. Renard Joseph en 1851.

Longueur, 0^m80; hauteur, 0^m90.

102. Dossier pour le même meuble, exécuté par M. Bordot en 1851.

Longueur, 0^m75; hauteur, 0^m75.

103. Dossier de siége, fleurs sur fond blanc et bleu damassé, exécuté vers 1844.

Hauteur, 0^m75, largeur, 0^m63.

104. Feuille de paravent, représentant des tigres, fond de paysage, exécutée vers 1795.

Hauteur, 2m; largeur, 0m76.

105. Feuille de paravent, représentant des renards, fond de paysage, exécutée vers 1799.

Hauteur, 2m; largeur, 0m76.

106. Chien de chasse, d'après F. Desportes; exécuté par un élève de l'École de tapis, en 1851.

Hauteur, 0m32; largeur, 0m56.

107. Chien de chasse, d'après F. Desportes; exécuté par un élève, en 1851.

Hauteur, 0m32; largeur, 0m56.

Tapisseries en cours d'exécution.

108. Aminte et Sylvie, d'après François Boucher; tapisserie commencée le 17 mai 1857.

109. Les Confidences, d'après le même peintre; sujet tiré, comme le précédent, de la tragi-comédie du Tasse : *Aminte et Sylvie;* tapisserie commencée le 17 mai 1857.

François Boucher ayant exécuté, vers 1760, les deux compositions originales des *Confidences d'Aminte et Sylvie,* dans un champ de dimensions inférieures à celui qui était exigé pour les deux tapisseries précitées, il a fallu y ajouter divers détails, leur faire subir beaucoup de modifications, et repeindre ces sujets en entier, travail qui a été accompli par MM. Abel et Hippolyte Lucas.

110. Jupiter sous la forme de Diane, aux pieds de la nymphe Calisto, d'après François Boucher.

Cette composition a été agrandie et repeinte en entier par MM. Abel et Hippolyte Lucas.

111. Vénus sur les eaux, d'après François Boucher; composition repeinte en entier par MM. A. et H. Lucas.

112. La Vierge dite au poisson, d'après Raphaël et d'après une copie réduite de l'original, par M. Hippolyte Lucas; tapisserie commencée le 15 mars 1859.

113. Portrait en pied de S. M. l'Empereur Napoléon III, d'après Winterhalter; trois exemplaires en tapisserie de ce portrait, commencés dans le dernier trimestre de 1858, figurent sous ce n°.

114. Portrait en pied de S. M. l'Impératrice Eugénie, d'après Winterhalter; trois exemplaires en tapisserie de ce portrait, commencés dans le dernier trimestre de 1858, figurent sous ce n°.

Tenture composée de vingt-huit portraits de souverains et d'artistes, pour la galerie d'Apollon au Louvre.

115. Portrait de Philippe-Auguste, roi de France, d'après M. Brisset; tapisserie commencée le 19 mai 1859. Elle aura de hauteur 2m15, et de cours, 2m30.

116. François Ier, d'après M. E. Chavet; tapisserie commencée le 15 mars 1859. (Mêmes dimensions que la précédente.)

117. Louis XIV, d'après M. Appert; tapisserie commencée le 15 avril 1859 (mêmes dimensions que les deux précédentes).

118. Napoléon III, d'après M. Appert; tapisserie commencée le 19 mai 1859. (Mêmes dimensions que les trois précédentes).

119. Percier, architecte, d'après M. Fauvelet; tapisserie commencée le 3 janvier 1859. Cette pièce et tous les portraits qui suivent ont de hauteur 2m16, et, de cours, 1m33.

120. Visconti, architecte, d'après M. Vauchelet; tapisserie commencée le 3 janvier 1859.

121. Nicolas Poussin, peintre; tapisserie commencée le 1er janvier 1859, d'après M. Appert.

122. Philibert de Lorme, architecte; tapisserie commencée le 1er janvier 1858, d'après M. Jobbé-Duval.

123. Jacquet, sculpteur; tapisserie commencée le 5 août 1857, d'après M. Jobbé-Duval.

124. Girardon, sculpteur; tapisserie commencée le 12 septembre 1856, d'après Aug. Hesse.

125. Coisevox, sculpteur; tapisserie commencée le 11 janvier 1856, d'après M. Lecomte.

126. Lesueur, peintre; tapisserie commencée le 20 mars 1859, d'après M. Biennoury.

127. Guillaume Coustou, sculpteur; tapisserie commencée le 24 mai 1855, d'après M. Boulanger.

128. Gabriel, architecte; tapisserie commencée le 15 décembre 1857, d'après M. Hofer.

129. Perrault, architecte; tapisserie commencée le 15 décembre 1857, d'après M. Marquis.

Les treize portraits, qui forment le complément de cette tenture, sont achevés et en place au Louvre, savoir :

Lenôtre (André), architecte, contrôleur des bâtiments du Roi et dessinateur de ses jardins (1613-1700); tapisserie exécutée, d'après M. Appert, par M. Édouard Flament, du 1er novembre 1854 au 25 avril 1857.

Hauteur, 2m16; cours, 1m33.

Romanelli (Francesco), peintre de la reine Anne d'Autriche; tapisserie exécutée, d'après M. E. Chavet, par M. Rançon, du 15 avril 1855 au 26 décembre 1857.

Lemercier, architecte; tapisserie exécutée, d'après M. Larivière, par M. Marie (Gilbert), du 1er juin 1855 au 22 décembre 1857.

Dupérac, architecte; tapisserie exécutée, d'après M. Larivière, par M. Hupé, du 26 juin 1855 au 30 juin 1858.

Jacques Sarrazin, sculpteur; tapisserie exécutée, d'après M. Brisset, du 29 juin 1855 au 23 août 1858, par M. Duruy (Camille).

Charles Le Brun, premier peintre du roi (1618-1690); tapisserie exécutée, d'après M. Appert, par M. Greliche fils, du 12 juillet 1855 au 30 juin 1858.

Pierre Mignard, premier peintre du roi (1610-1695); tapisserie exécutée, d'après M. Daverdoing, par M. Sollier (Charles), du 14 juillet 1855 au 20 juillet 1858.

Jean Goujon, sculpteur; tapisserie exécutée du 16 juillet 1855 au 23 août 1858, d'après M. Giraud, par M. Desroy.

Germain Pilon, sculpteur; tapisserie exécutée, d'après M. Alexandre Hesse, par M. Gilbert, chef d'atelier, du 8 avril 1855 au 21 août 1858.

Jean Bullant, architecte; tapisserie, d'après M. Duval Lecamus, exécutée par M. de Brancas, du 8 juillet 1856 au 18 août 1858.

Michel Anguier, sculpteur, d'après M. Duval; tapisserie exécutée, du 1er juin 1855 au 15 décembre 1858, par M. Buffet, sous-chef d'atelier,

J. Androuet du Cerceau, architecte, d'après M. J. Beaume; tapisserie exécutée, du 9 octobre 1855 au 15 décembre 1858, par M. Tourny.

Pierre Lescot, architecte, d'après M. Tissier; tapisserie exécutée par M. Manigan, du 12 juillet 1856 au 15 février 1859.

Tapis de la Savonnerie en cours d'exécution:

130. Un tapis, de 7m05 de longueur sur 6m40 de largeur, d'après M. Geslin, peintre et architecte.

131. Trois tapis pour devant de foyer, destinés au palais de Saint-Cloud, par MM. Michelot et Naze.

132. Deux tapis pour devant de foyer, destinés au même palais, d'après M. Desplechin.

133. Trois tapis pour devant de foyer, destinés au même palais, d'après MM. Abel et Hippolyte Lucas.

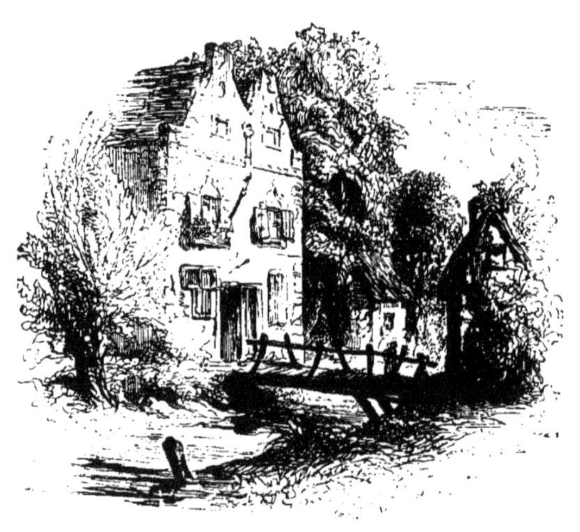

NOTICE HISTORIQUE

SUR LES MANUFACTURES

DE

TAPISSERIES DES GOBELINS

ET DE

TAPIS DE LA SAVONNERIE.

La Manufacture impériale des Gobelins comprend deux fabrications distinctes : celle *des tapisseries historiques*, ou tentures murales, et celle des tapis de pied, à haute laine, dits *de la Savonnerie*, du nom de la maison où primitivement elle a été établie.

Ces deux genres de tissus paraissent avoir été en usage depuis les temps les plus reculés; il en est fait mention dans les documents les plus anciens que l'histoire et les monuments nous aient transmis; l'art de les fabriquer a été importé d'Orient en Europe, à une époque qu'il est difficile de préciser, mais qui pour la France ne paraît pas remonter au delà du neuvième siècle. Saint Angelme de Norvége, évêque d'Auxerre, mort en 840, faisait exécuter pour son église un grand nombre de tapis (1); vers 985, les religieux de l'abbaye de Saint-Florent de Saumur fabriquaient eux-mêmes, dans leur enclos, des tapisseries et diverses sortes d'é-

(1) Le Bœuf, *Histoire d'Auxerre*, tom. I, pag. 173. — Le Père Labbe, *Histoire de l'Église d'Auxerre*, chap. xxxv.

toffes (1). Matthieu de Loudun, abbé de ce monastère, nommé en 1133, y fit exécuter pour son église une tenture complète : sur l'une des deux pièces qui devaient orner le chœur, on représenta les vingt-quatre vieillards de l'Apocalypse ; sur l'autre pièce, un sujet tiré du même livre, et sur celles de la nef, des chasses de bêtes fauves (2). Vers l'an 1060, Gervin, abbé de Saint-Riquier, fit remarquer sa libéralité par les tentures qu'il acheta et *par les tapis qu'il fit faire* (3). Il existait à Poitiers, en 1025, une manufacture de tapisseries et de tapis dont le tissu offrait des figures d'animaux, des portraits de rois et d'empereurs, des sujets tirés de l'histoire sainte (4) ; les villes de Reims, de Troyes, de Beauvais, d'Aubusson, de Felletin, de Tours, d'Arras, ont également vu de bonne heure cette industrie se naturaliser chez elles (5). Dans le développement considérable qu'elle présente à ces époques reculées, non-seulement en France, mais encore dans diverses parties de l'Europe, et surtout en Flandre, l'Orient ne peut toutefois revendiquer que les éléments primitifs et le fait d'une simple initiation ; il y a loin des grossières images, des rudes figures à teintes plates, tracées sur quelques

(1) DD. Martenne et Durand, *Historia monasterii sancti Florenti salmuriensis*, Ampl. col., tom. V.

(2) *Ibid.*

(3) *In palliis adquirendis, in tapetibus faciendis.* Vit. S. Gerv., c. VII ; apud d'Ach. et Mab., *ibid.*, tom. IX, pag. 322.

(4) Hist. Episc. Autissiod, cap. LIII, apud Labbe, Nov. Bibl. manuscr., tom. I, pag. 457 — Le Bœuf, *Mém. concern. l'hist. d'Aux.*, tom. I, part. I, pag. 258. — Chron. Gaufredi, cap. IX, apud Labbe, *ibid.*, tom. II, pag. 283. — Episc. Carnut. elogia ; apud Mabill. *Analecta vet. monum.*, tom. II, pag. 598.

(5) Dans cette brève énumération, Arras est compris comme faisant partie du territoire français depuis deux siècles ; mais, en réalité, c'est à la Flandre qu'appartient la célébrité de cette ville dans l'industrie des tapis et des tentures.

anciens tissus persans ou byzantins, aux personnages et aux scènes représentés sur les tapisseries de l'Occident.

L'histoire de cette branche des arts en France, depuis le neuvième siècle, nous paraît devoir se diviser en trois époques distinctes :

Dans la première, le tapissier n'emploie que des procédés simples et expéditifs ; il a ses *gammes invariables* composées d'un petit nombre de couleurs franches, fixées sur la laine et la soie par le teinturier, et pour modèles de simples dessins, légèrement teintés, dont il ne fait, sous le rapport du coloris, qu'une imitation libre et purement conventionnelle ; tout est combiné pour une production expéditive. Les tapisseries qui résultent de ce système ne présentent et ne peuvent présenter, quelle que soit d'ailleurs la qualité des modèles employés, qu'un ton uniforme dans tous leurs détails similaires, et un défaut d'harmonie absolu : c'est l'ère de la *tapisserie industrielle,* époque qui nous paraît embrasser l'ensemble des productions de cet art, depuis son origine en France jusqu'à la fondation, en 1662, de la *Manufacture des meubles de la couronne*, par Louis XIV.

La seconde époque est celle où, par suite d'une direction nouvelle, le tapissier abandonne graduellement son coloris propre, et où les modèles eux-mêmes subissent de profondes modifications. Ce ne sont plus de simples dessins, légèrement teintés, mais, en général, des peintures de plus en plus complètes. De tels changements ne s'effectuent pas sans difficulté : il s'établit une lutte entre le principe industriel et le principe artistique, lutte qui se personnifie dans la Manufacture des Gobelins, depuis 1662, jusque vers la fin du dix-huitième siècle.

Dans la troisième et dernière époque, les traditions industrielles et le coloris de convention s'effacent, autant que le permettent les limites imposées par la nature du tissu, par les ressources du teinturier et par l'emploi de la laine et de la soie, au lieu d'une couleur fluide; des derniers efforts de l'*artiste-tapissier* résulte non une *copie,* mais une *traduction* d'un caractère particulier, où les qualités diverses du modèle sont rendues avec une harmonie et une science inconnues des siècles précédents. Ces produits surpassent les anciennes tapisseries, autant que la gravure moderne sur buis, exécutée par les plus habiles artistes, surpasse la gravure sur bois de poirier des quinzième et seizième siècles; la perfection, unique raison d'être de l'art actuel des tapisseries, n'empêche pas cependant quelque tardive protestation de l'élément industriel, totalement subalternisé. Mais il est difficile de remonter le cours des âges; on ne refera pas plus les tapisseries des premières époques, qu'on ne restaurera l'école de peinture byzantine (1).

Les plus anciens fabricants de tapisserie en France, nommés dans *les registres des mestiers et marchandises de la ville de Paris*, portaient le nom de *sarrazinois;* dès le douzième siècle, sous le règne de Philippe-Auguste, ils formaient à Paris une importante corporation, qui, entre autres priviléges dus à la protection royale, jouissait gratuitement de l'exemption de faire le guet. De plus, ils ne devaient au roi rien de ce *qu'ils achetaient et vendaient de leur métier*. Ils avaient enfin la permission de teindre eux-mêmes les *étoffes* (2) employées dans leur fabrication. Ces priviléges, d'une certaine importance pour le temps, se justifient par les conditions

(1) Ces considérations générales, on le comprend, ne s'appliquent qu'à la fabrication des *tapisseries historiques*, fabrication dont la Manufacture des Gobelins est, dans le monde entier, depuis un grand nombre d'années, l'unique représentant.

(2) On désignait ainsi les matières premières entrant dans le tissu des tapisseries, la soie, la laine, l'or et l'argent filé.

exceptionnelles de l'industrie, ou, plus exactement, de l'art du tapissier, art exigeant un long apprentissage, des connaissances variées, des frais considérables, toutes circonstances parfaitement appréciées, même à l'époque où les tapissiers se classaient parmi les simples artisans. On n'a pas de notions exactes sur le travail des ouvriers sarrazinois, qui paraît avoir consisté surtout en une sorte de broderie. Ce qu'on peut affirmer, c'est qu'ils ne travaillaient pas en haute lice, et que d'autres ouvriers, dits *haute-liciers,* établis longtemps après eux à Paris, leur faisant concurrence, il y eut, vers la fin du quatorzième siècle, nécessité de terminer leurs différends par la réunion des deux industries en un seul et même corps.

Cette incorporation, commencée en 1301, fut entièrement consommée par la confection de statuts communs transcrits sur les registres du Châtelet, *le samedi après les brandons* de l'année suivante.

Les tapissiers sarrazinois et les tapissiers haute-liciers formèrent un corps à part jusqu'en 1625, époque à laquelle on les réunit à d'autres corps de métier qui n'avaient avec eux qu'une affinité très-éloignée : les couverturiers-nôtrés-sergiers, les courtepointiers-coutiers, etc. Mais déjà les sarrazinois avaient subi de telles transformations, que leur industrie primitive, à peu près oubliée, était l'objet des plus vagues conjectures; à ce sujet, vers 1632, Pierre Dupont, maître tapissier de Henri IV, s'exprime ainsi :

« Il est à présumer qu'après l'entière ruine des Sarrazins par Charles Martel, en l'an 726, quelques-uns d'iceux qui sçavoient faire de ces tapis, fugitifs et vagabons, ou possible réchappés de la défaite, s'habituèrent en France, pour gaigner leur vie, et commencèrent à faire et establir cette manufacture de tapis sarrazinois. De savoir de quelle fabrique ni de quelle méthode ou estoffe estoient faits lesdits tapis, on n'en peut que juger, sinon que l'on voit par ladite sentence (de 1302) que ces tapissiers sarrazinois sont institués beaucoup devant les tapissiers de haute lice, et estoient en possession dès longtemps, mais sur leur déclin, et que lesdits tapissiers de haute lice commençoient à naître pour ensevelir et mettre hors lesdits sarrazinois, comme ils ont fait.

» Tant il y a que cette manufacture, si c'est la mesme, estant manquée, en ces pays, soit qu'elle soit demeurée entre ces Turcs, soit qu'elle ait été perdue depuis ce temps, nous la voyons néanmoins estre relevée et rétablie avec plus de perfection qu'elle n'a jamais esté et qu'elle n'est en la Turquie... (1). »

Ces vicissitudes, ces modifications profondes dans l'art des tapissiers sarrazinois n'empêchent pas leur nom de se perpétuer jusqu'à l'époque de l'abolition des maîtrises et jurandes, et de figurer dans tous les règlements de la corporation des maîtres tapissiers.

La première manufacture royale de tapisserie ne fut établie en France que vers le milieu du seizième siècle: François Ier, dans les dernières années de son règne, réunit à Fontainebleau quelques tapissiers de haute lice (2) sous la direction de Philibert Babou, sieur de la

(1) Extrait du chap. II de la STROMATOURGIE *ou de l'excellence de la Manufacture des tapis dits de Turquie, nouvellement establie en France sous la conduite de noble homme Pierre du Pont, tapissier ordinaire du Roy esdits ouvrages — mieux faire que bien dire — à Paris, en la gallerie du Louvre, en la maison de l'autheur*, 1632.

(2) Cette dénomination a pour origine la disposition du métier sur lequel se fabriquent les tapisseries. Dans le métier *de haute lice* la chaîne du tissu est disposée verticalement; dans le métier dit de basse lice elle est disposée horizontalement; de là des différences essentielles dans les conditions du travail et dans les produits. La haute lice est aujourd'hui réservée pour les grandes tentures, la basse lice pour les tapisseries de moindre importance.

Bourdaizière, surintendant des bâtiments royaux, et de Sébastien Serlio (1), son peintre et *architecteur* ordinaire; il confia l'exécution des modèles, ou *patrons,* à plusieurs des peintres français et étrangers qui travaillaient à la décoration de cette résidence royale.

Henri II, tout en conservant la manufacture de Fontainebleau, dont il donna la direction à Philibert de Lorme, son architecte ordinaire, en fonda une autre à l'hôpital de la *Trinité,* à Paris (2), qui parvint rapidement à un haut degré de prospérité.

Henri IV, en 1597, donna un nouvel essor à cette industrie, en créant une nouvelle manufacture dans la maison des Jésuites, au faubourg Saint-Antoine, vacante depuis l'expulsion de ces religieux. Laurent, *excellent tapissier* (3), en eut la direction, et Dubreuil, *peintre fameux* (4), fut chargé de la pourvoir de modèles. Les jésuites ayant été rétablis, une partie de ces tapissiers reçut, vers la fin de l'année 1603, l'hospitalité dans les galeries du Louvre; une autre partie, et probablement la plus importante, fut transportée dans la maison des Gobelins, et augmentée d'un grand nombre d'ouvriers flamands.

Marc de Comans et François de la Planche, tous deux originaires des Pays-Bas, furent chargés de l'entreprise et de la direction particulière de cette nouvelle manufacture *de tapisseries, façon de Flandres* (5). Henri IV les

(1) Nommé par ordonnance du 27 décembre 1541.

(2) Fondé dans le onzième siècle et supprimé au commencement de la révolution, cet hôpital occupait la plus grande partie de l'îlot compris entre les rues Saint-Denis, Grenétat et Guérin-Boisseau; l'ouverture du boulevard de Sébastopol en a fait disparaître les dernières traces.

(3) Sauval, *Antiquités de Paris*, l. xi.

(4) *Ibid.*

(5) Cette dénomination ne paraît avoir été motivée que par la différence essentielle existant entre le travail des tapissiers de Paris et celui de leurs confrères de Flandre : les premiers employaient

anoblit et leur conféra, par lettres patentes (de janvier 1607), privilége, non-seulement pour Paris, mais encore pour toutes les villes du royaume où il leur plairait de s'établir.

La maison des *Gobelins* comptait alors plus d'un siècle de célébrité industrielle : Jehan *Gobelin*, premier du nom, *teinturier en escarlate*, s'était établi, vers 1450, sur les bords de la rivière de Bièvre, dont les eaux passaient alors pour être de qualité supérieure pour la teinture (1). Selon une tradition peu certaine, il était originaire de Reims. Une prospérité croissante fut, dans cette famille, le fruit des persévérants efforts de plusieurs générations, et bientôt on vit le nom de *Gobelin* allié à celui d'anciennes et nobles familles, dans la magistrature, l'armée, les finances et l'administration. Cependant, il y avait encore dans le milieu du dix-septième siècle des teinturiers de ce nom; ils disparurent vers l'année 1650, à peu près à l'époque où le Hollandais Jean Gluck importa en France un nouveau procédé de teinture en écarlate : les travaux actuels de la Manufacture des Gobelins ne se rattachent à l'industrie de ces célèbres teinturiers que par l'atelier de teinture, commun aux deux manufactures de tapisseries de la couronne.

Henri IV créa aussi, vers 1604, dans les galeries du

généralement le métier de haute lice, les seconds ne travaillaient qu'en basse lice.

(1) Réputation bien compromise aujourd'hui : les eaux de cette rivière, infectées, plus d'une lieue au-dessus de leur cours dans la ville de Paris, par les résidus d'innombrables blanchisseries et d'autres établissements industriels, ne sont plus propres à la teinture; elles font tourner les couleurs un peu délicates que l'on y plonge, noircissent l'argenterie, et altèrent, par leurs émanations putrides, les couleurs des modèles employés aux Gobelins. Aussi, depuis un très-grand nombre d'années, n'emploie-t-on, même pour les lavages, dans l'atelier de teinture de cet établissement, que de l'eau de Seine filtrée.

Louvre, un atelier de tapis dits *à la façon de Perse et de Turquie,* sous la direction de Pierre du Pont, habile tapissier, et ce fut le point de départ de la célèbre manufacture *de la Savonnerie,* fondée par Louis XIII dans la maison de ce nom, sur le quai de la Conférence, au lieu actuellement occupé par la manutention militaire.

La maison de la Savonnerie fut originairement une fabrique de savon; la reine Marie de Médicis y établit, en 1614, par brevet du *septième jour de may,* « de pauvres enfants, pour y être logés, nourris et instruits en la crainte de Dieu et à faire plusieurs ouvrages de toile et autres...... » Simon Lourdet, élève de Pierre du Pont, puis son associé, y ouvrit à une époque que nous ne pouvons préciser, mais qui est antérieure à l'année 1626, un atelier de tapis, *façon de Perse et du Levant.* Pierre du Pont n'y demeura jamais, ainsi qu'on en est assuré par divers actes (1).

Le 17 avril 1627, tous deux reçurent de Louis XIII le privilége exclusif de cette industrie, une pension de 1,500 liv. et des lettres de noblesse « pour eux et leurs enfants, nés ou à naître, en légitime mariage, qui entretiendront ledit art et manufacture. »

La manufacture de tapisseries *façon de Flandres,* abandonnée à elle-même, après la mort de Henri IV, paraît avoir subi momentanément le sort de la plupart des établissements créés par ce souverain : dès l'année 1612, il ne restait debout que les manufactures de soieries de Lyon, de Tours et du midi de la France.

Marc de Comans et son associé François de la Planche sollicitèrent de Louis XIII la confirmation de leurs priviléges, et obtinrent, le 8 avril 1625, de nouvelles

(1) Un brevet du dernier septembre 1637 décharge P. du Pont de l'obligation de résider dans la maison de la Savonnerie. Son acte mortuaire constate qu'il continua d'habiter les galeries du Louvre.

lettres patentes pour « ..... la continuation de la fabrique et manufacture des tapisseries façon de Flandres, pour dix-huit années, à commencer du jour de l'expiration du temps accordé par le feu roi..... » En 1629, ils se démirent de la direction de cet établissement en faveur de leurs enfants, Charles de Comans et Raphaël de la Planche; mais ces derniers n'ayant pu s'accorder, demandèrent et obtinrent l'autorisation d'exercer séparément leur industrie : Charles de Comans demeura aux Gobelins, Raphaël de la Planche s'établit au faubourg Saint-Germain, sur un emplacement qui depuis a été réuni à l'hospice des *Ménages.* Cette séparation eut lieu en 1633.

Charles de Comans mourut en décembre 1634, et fut remplacé par son frère Alexandre de Comans; Raphaël de la Planche, trésorier des bâtiments du roi sous Louis XIII et Louis XIV, n'en conserva pas moins la direction de sa manufacture de tapisserie jusqu'en 1667, époque de la cessation des travaux de cet établissement.

Sous le nom de *Manufacture des meubles de la couronne,* Louis XIV, en 1662, établit aux Gobelins une véritable école artistique et industrielle, peuplée d'artistes et d'ouvriers pris parmi les plus habiles; l'édit relatif à cet établissement ne parut, toutefois, qu'en novembre 1667; on y lit que « ..... les manufactures et dépendances d'icelles seront administrées par les ordres du sieur Colbert, surintendant des bâtiments, et sous la conduite particulière du sieur Le Brun, premier peintre du Roy, suivant les lettres qui lui en ont été accordées, le 2 mars 1663; que le surintendant des bâtiments, et le directeur sous luy, tiendront la manufacture remplie de bons peintres, maistres tapissiers de haute lice, orphèvres, fondeurs, graveurs, lapidaires, etc.; que les ouvriers employés dans lesdites manufactures seront exempts de tous logements de guerre; que des apprentis, au nombre de soixante, choisis par le surintendant, seront entretenus et placés dans le *séminaire* du directeur; que très-expresses inhibitions et deffenses sont faites à tous marchands et autres personnes d'achepter ny faire venir des tapisseries des pays étrangers, etc...»

L'*hostel des Gobelins*, qui, depuis l'année 1603, était simplement tenu en location pour le service de la couronne, fut en 1662 acquis par Colbert, au nom du roi, ainsi que huit autres immeubles attenants, le tout pour la somme de 90,242 livres 10 sols. La superficie de la manufacture, y compris les cours, jardins, prés et cultures diverses, s'étendant entre les deux cours de la Bièvre jusqu'au moulin de Croulebarbe, fut ainsi portée à 12,266 toises carrées (1), environ 46,610 mètres carrés.

Les ateliers de tapisserie du Louvre, encore subsistants, ceux du faubourg Saint-Germain, furent alors successivement incorporés à ceux des Gobelins.

Comme son aïeul Henri IV, Louis XIV fit venir de Flandre un grand nombre de tapissiers de haute et de basse lice, il les plaça tant aux Gobelins qu'à la manufacture de Beauvais, fondée en 1664.

Les Flandres continuaient ainsi à être le principal foyer de cette fabrication, dont l'état prospère dans cette contrée remontait à une époque reculée. Au douzième siècle, en effet, les manufactures flamandes étaient déjà florissantes; au seizième, l'empereur Charles-Quint leur avait donné une constitution définitive (ordonnance du 16 mai 1544, *Sur le style et mestier des tapisseries des Pays-Bas*, divisée en 90 articles). Elles étaient en possession de fournir de ces précieux tissus toutes les maisons souveraines et princières de l'Europe; le garde-

(1) Cette superficie est encore aujourd'hui celle de la manufacture des Gobelins. On a pu ainsi, sur l'espace excédant les besoins du service, distribuer aux chefs de famille de cet établissement un peu plus de cent parcelles, toutes cultivées en nature de jardin.

meuble, en France, renfermait une quantité considérable de tentures de tapisseries flamandes, remontant, pour la plupart, au règne de François Ier; mais lorsque Louis XIV eut donné à la production des tapisseries françaises une nouvelle et puissante impulsion, en développant surtout le côté artistique, beaucoup trop négligé jusque-là, les choses changèrent de face; on vit les manufactures de tapisseries flamandes s'éclipser peu à peu, puis, vers 1787, disparaître totalement (1).

La multitude de chefs-d'œuvre en peinture, tapisserie, sculpture, orfévrerie, gravure, mosaïque, ébénisterie, etc., qui sortit de la *manufacture des meubles de la couronne,* exerça une influence très-marquée sur le goût général et sur l'industrie de la nation; cette influence s'étendit même au dehors, et fit bientôt placer au premier rang les produits des arts et des manufactures de France. Les ateliers de tapisserie formèrent toutefois la partie la plus importante de cet établissement, la seule qui ait résisté aux efforts du temps et des révolutions; les arts autres que ceux qui concourent directement à la fabrication des tapisseries, cessèrent d'être représentés aux Gobelins, dans les dernières années du dix-huitième siècle; plus de deux cents ouvriers de haute et de basse lice y furent employés, de 1662 à 1690, sous la direction de Charles le Brun : Jans père et fils, maîtres tapissiers de haute lice, en conduisaient à eux seuls environ soixante. Un second atelier de haute lice était sous la direction de Lefebvre; Jean-Baptiste Mosin et Jean de Lacroix conduisaient chacun un atelier de basse lice. Un teinturier flamand, originaire de la ville d'Audenarde, Vander Kerchove, fut mis à la tête

(1) A Audenarde, le dernier représentant de cette industrie, Jean-Baptiste Brandt, adressa à l'autorité communale de cette ville, le 9 mai 1787, l'état des biens et dettes de la corporation des tapissiers, et, peu de temps après, ferma ses propres ateliers.

de l'atelier de teinture. Quant aux produits de ces divers ateliers, nous nous bornerons à citer : les *Actes des apôtres,* en dix pièces rehaussées d'or, d'après les célèbres tapisseries de Raphaël ; la tenture dite *du Vatican,* d'après les fresques du même maître, en huit pièces ; les *Éléments,* rehaussés d'or, en huit pièces, d'après Charles le Brun ; l'*Histoire du roi* (Louis XIV), en quatorze pièces, d'après le Brun et Vander Meulen ; l'*Histoire d'Alexandre,* d'après le Brun, en onze pièces ; les *Saisons,* en huit pièces, rehaussées d'or ; les *Mois,* d'après le Brun ; l'*Histoire de Moïse,* en dix pièces, d'après Nicolas Poussin et le Brun ; l'*Histoire de Méléagre,* en huit pièces, d'après le Brun ; les *Fruits de la Guerre,* en huit pièces, d'après d'anciennes tapisseries exécutées sur les dessins de Lucas de Leyde ; les *Batailles de Scipion,* en dix pièces ; l'*Histoire de Constantin,* en huit pièces, etc., etc.

Un exemplaire de cette dernière tenture, en cinq pièces seulement, provenait d'une manufacture fondée à Mincy par le surintendant Fouquet, manufacture qui fut fermée à l'époque de la disgrâce de ce ministre ; les tapissiers des Gobelins avaient été chargés de remplacer, sur cette tenture, les armes du surintendant par celles du roi, et d'y ajouter des bordures.

Nous ne parlerons ni des travaux très-connus des célèbres graveurs Audran, Rousselet, Sébastien Leclerc, ni de ceux des sculpteurs Tuby et Coisevox, qui tous résidaient aux Gobelins, ni de ces belles œuvres d'orfévrerie ciselée, que leur valeur artistique, bien supérieure à celle de la matière, ne put préserver d'une complète destruction, et que Louis XIV, en 1690, par suite de la pénurie du trésor royal, crut devoir faire porter à la Monnaie ; elles avaient été en partie exécutées aux Gobelins par les orfèvres, Alexis, Loir, du Tel, Claude de Villers et ses fils.

La manufacture de la Savonnerie exécutait, dans le

même temps, d'après les modèles des plus habiles maîtres, des travaux qui, par leur multiplicité et par leur caractère exclusivement décoratif, échappent en quelque sorte à toute description : tapis pour Versailles et le Louvre, siéges de toutes formes, paravents, portières, etc. Le tapis de la grande galerie réunissant le Louvre aux Tuileries et celui de la petite galerie du Louvre, dite d'Apollon, furent achevés à cette époque. Le premier, commencé sous le règne de Henri IV, comprenait quatre-vingt-douze compartiments, de sept aunes et demie de longueur uniformément, sur quatre à cinq aunes de largeur, et de composition variée, où figuraient des paysages, des trophées d'armes, diverses figures symboliques, la Guerre, la Paix, la Musique, l'Astronomie, etc. ; le second tapis, celui de la petite galerie du Louvre, se composait de treize tapis de composition appropriée au lieu ; c'est dire que tous les symboles se rattachant, de près ou de loin, au dieu du jour, s'y trouvaient représentés.

A. Ch. le Brun succède P. Mignard, comme directeur de la manufacture des Gobelins; mais cet illustre peintre, alors très-âgé, ne laisse pas beaucoup de traces de son passage ; c'est d'ailleurs en partie sous sa direction que se place la seule interruption totale que les travaux de cet établissement aient éprouvée depuis sa fondation. En 1694, une guerre ruineuse oblige Louis XIV à congédier la plupart des ouvriers réunis aux Gobelins. Quelques-uns s'engagent dans l'armée française, d'autres regagnent les Flandres, leur pays natal; le plus grand nombre est recueilli par le sieur Béhagle, l'un des plus habiles directeurs et maîtres tapissiers qu'ait eus la manufacture de Beauvais.

La paix de Ryswick permet de rendre aux travaux toute leur activité. Robert de Cotte, architecte, contrôleur des bâtiments du roi, dirige à son tour la manufacture des Gobelins; après lui, Jules Robert de Cotte, son fils, qui fut aussi architecte et contrôleur des bâtiments du roi au département de Paris. Les vingt-cinq dernières années du règne de Louis XIV, moins fécondes peut-être en grandes compositions pour tapisseries que la première période du règne de ce souverain, fournissent cependant quelques belles tentures, parmi lesquelles nous citerons le *Triomphe des Dieux*, d'après Noël Coypel, en huit pièces; la tenture dite *de l'Ancien Testament*, en huit pièces, d'après Antoine Coypel; la tenture *du Nouveau Testament*, en quatre pièces, d'après Jouvenet (1); la tenture dite *des Indes*, en huit pièces, d'après des modèles primitivement peints aux Indes; et un grand nombre de portières où figuraient la plupart des dieux et des déesses, les Éléments, les Saisons, etc. C'est, au surplus, beaucoup moins par le nombre des tentures qu'il faut mesurer l'importance des travaux dont nous venons de donner un rapide aperçu, que par les progrès réels accomplis dans la composition et la fabrication des tapisseries. Or, à notre sens, aucune époque n'a surpassé celle de Louis XIV pour le choix et la composition des modèles; mais cette branche de l'art est uniquement le fait des administrateurs et des peintres préposés à la direction du travail : simples copistes ou traducteurs, les maîtres tapissiers et leurs ouvriers ne paraissent pas, dans cette même période, s'être élevés au-dessus de leurs devanciers, ce que les traditions et les procédés alors en usage ne leur eussent d'ailleurs permis que dans une mesure très-restreinte. Nous voyons même de longs et vifs débats, relatifs à cette dernière question, occuper une partie du règne suivant, débats qu'il faut résumer en peu de mots : les anciens tapissiers ne reproduisaient les modèles mis sous leurs yeux

(1) Sous le règne de Louis XV, cette tenture fut augmentée de quatre pièces, d'après Jouvenet et Restout.

que d'une manière conventionnelle; ils n'étaient ni coloristes, dans le sens moderne, ni dessinateurs; l'école de dessin fondée aux Gobelins sous Louis XIV, et dirigée par quatre professeurs de l'Académie de peinture et de sculpture, ne fut pas précisément instituée pour eux, mais bien pour les peintres, les sculpteurs, les graveurs et autres artistes réunis dans cette maison. Des ouvriers qui se mettaient au travail à l'aube du jour pour ne le quitter qu'à la nuit tombante, n'avaient certes pas le temps de se livrer à l'étude du dessin, ou ne s'y livraient que la broche (1) à la main, et par le travail même de la tapisserie. La palette mise par le teinturier entre les mains du tapissier ne se composait d'ailleurs, à cette époque, que d'un petit nombre de couleurs franches, se prêtant peu aux transitions, sans lesquelles toute harmonie de coloris est impossible. Mais dès qu'une influence, de plus en plus marquée, fut attribuée aux peintres sur la fabrication, la convention d'où ne résultaient que des tapisseries d'un ton général peu agréable, de couleurs discordantes, toujours les mêmes, fit place à une imitation de plus en plus rigoureuse; il fallut alors multiplier les nuances, les nuances légères surtout, et employer un grand nombre de couleurs *rabattues* ou, autrement, atténuées et assombries par une certaine quantité de noir; la simplicité primitive du travail disparut, les difficultés augmentèrent, et la main d'œuvre prit un accroissement de valeur proportionné. De tels changements ne purent s'effectuer sans résistance, de la part des entrepreneurs et des ouvriers, résistance d'autant plus vive que ces derniers travaillant *à leurs pièces*, ou autrement, *à la tâche*, c'était pour eux le pain quotidien qu'il fallait chaque jour défen-

(1) Instrument sur lequel s'enroule la laine colorée destinée à former la trame de la tapisserie, et qui, pour l'artiste tapissier, remplace la navette du tisserand.

dre contre les exigences croissantes de leurs chefs immédiats et des peintres préposés, en ce qui concerne la partie artistique, à la conduite de leurs travaux. Il ne faut donc pas s'étonner des plaintes dont retentit l'enceinte de cette manufacture pendant une grande partie du dix-huitième siècle, ni de l'ardeur des ouvriers, en 1790, à conquérir un régime différent, celui du travail libre et à la journée. Parallèlement à ces débats, de persévérants efforts, couronnés de succès, sont faits par l'un des maîtres tapissiers du roi, le sieur Jacques Neilson, pour améliorer le travail de basse lice, tombé en une complète décadence avant sa nomination comme chef de cet atelier (1749); le métier de basse lice est perfectionné par Vaucanson (1757), et des travaux très-importants sont accomplis par un habile teinturier nommé Quemiset (1773-1779), sous la conduite de J. Neilson, pour élever la teinture des laines et des soies au niveau des exigences nouvelles de la fabrication. Ce mouvement, secondé par l'architecte Soufflot, alors directeur des manufactures royales de tapisseries (1755-(1780) ne dure cependant pas assez pour donner des résultats vraiment utiles; il s'arrête par suite du décès presque simultané de Quemiset, du fils de Neilson et de Soufflot. Mais ces premiers essais déterminent l'administration supérieure, alors entre les mains de M. le comte d'Angivillers, à donner place dans cette manufacture à l'élément scientifique, qui, jusque-là, y avait été à peu près étranger; les chimistes Cornette et Darcet sont appelés pour diriger les teintures; le second, nommé inspecteur en titre de cette partie des ateliers (le 15 août 1786), reprend les travaux commencés quelques années auparavant; il ne tarde pas, lui-même, à être arrêté dans ses recherches par les brusques réformes qui suivent la chute de la monarchie (1792). A peu près le même jour on renvoie, *comme inutiles,* l'inspecteur des teintures, le chef teinturier, les trois peintres attachés à la manufacture ; on ferme l'école de dessin ; l'un des maîtres tapissiers entrepreneurs, le sieur Audran, promoteur secret de tous ces changements, remplace l'architecte Guillaumot, qui dirigeait les manufactures royales de tapisseries, depuis le décès de M. Pierre, premier peintre du roi Louis XVI (1789). Audran rétablit la tâche, supprimée deux ans auparavant, sur la proposition de son prédécesseur ; ce retour à un ordre de choses détesté le précipite lui-même : après moins d'un an d'exercice, accusé *d'incivisme*, il est arrêté et subit à Sainte-Pélagie une détention de dix mois ; un peintre, Augustin Belle, fils du *sur-inspecteur* des Gobelins, le remplace. Ardent républicain, le nouveau directeur fait brûler dans la cour de cette manufacture, au pied de l'arbre de la liberté, de précieuses tentures décorées d'insignes royaux. Cet acte de vandalisme, autorisé par le ministre de l'intérieur, s'accomplit (le 30 novembre 1793) « en l'honneur des martyrs de la liberté, Marat, Lepelletier, Beauvais, Préau, Pierre Bayle et Chalier. » Mais bientôt la chute de Robespierre permet le retour du directeur Audran (14 avril 1795). Ce dernier, toutefois, ne fait que passer ; il meurt au bout de trois mois (le 20 juin), et a pour successeur l'ancien directeur Guillaumot (le 29 juin). Ces agitations, ces perpétuels changements, paralysent le travail, arrêtent tout progrès. Vainement, pour ranimer quelques étincelles du feu sacré, une commission de peintres, de statuaires, d'hommes de lettres, instituée sous le nom de *jury des arts* (17 juillet 1794) par le comité de salut public, après avoir réformé presque tous les modèles employés aux Gobelins et à la Savonnerie, détermine les conditions d'un concours pour la création de modèles propres à régénérer l'art dans ces établissements. Personne ne répond à cet appel ; les esprits n'étaient pas à ces pacifiques moyens de perfectionnement ; un tapissier de haute lice de la manufacture des Gobelins, nommé Mangelschott, officier de la garde nationale et zélé patriote, en fait par lui-même la triste épreuve : il est décapité (le 14 juillet 1794) uniquement pour avoir, dans un club, interrompu par une simple observation le discours d'un membre de la Convention. Deux ans auparavant, la manufacture avait payé, une première fois, le tribut du sang à la Révolution, dans la personne de son aumônier, M. de la Frenée, emprisonné et massacré avec un grand nombre de prêtres. Il n'est plus question de perfectionner, mais d'exister. La république, d'ailleurs, n'a pas besoin de tapisseries ; elle en vend à vil prix, elle en donne en payement aux fournisseurs de ses armées, elle fait brûler les tentures rehaussées d'or du garde-meuble pour en tirer quelques parcelles du précieux métal, qui s'obstine à rester sous terre. Les ouvriers ne subsistent que par des prestations en nature, et en exerçant diverses professions étrangères à leur art ; quelques-uns se font soldats. Dès le commencement de la guerre, plus de vingt tapissiers des Gobelins et de la Savonnerie avaient ainsi fourni un respectable contingent à la défense du territoire.

Le 18 août 1794, le comité de salut public rétablit l'atelier de teinture ; le sieur Galley, praticien habile, est nommé chef teinturier (8 novembre).

Le 25 septembre, le sieur Duvivier, entrepreneur de la Savonnerie, en est nommé le directeur.

Le 3 décembre 1800, les élèves et apprentis, supprimés en 1792, sont rétablis. Huit fils de maîtres tapissiers, six de haute lice et deux de basse lice, prennent place dans les ateliers.

Le 6 mai 1803, sur la proposition du cardinal-archevêque de Paris, le Premier Consul rétablit le culte dans la chapelle des Gobelins, et nomme pour aumônier de cette maison, M. Pioret, ancien prieur doyen de Saint-Jean de Dijon.

Le 27 septembre de la même année, M. Roard, professeur de physique et de chimie à l'école centrale du département de l'Oise, est nommé directeur des teintures des Manufactures nationales de tapisserie.

A peine installé dans ces fonctions, M. Roard sollicite et obtient, par l'influence de MM. Chaptal et Berthollet, la création d'une école pratique de teinture dont le ministre de l'intérieur fait les frais; on y admet indistinctement des Français et des étrangers; parmi les premiers, six reçoivent du ministère un traitement annuel de mille francs. Il sort, en peu de temps, de cette école nombre de sujets distingués (1), qui fondent à Paris, à Lyon, à Tours, à Mulhouse, à Avignon, à Turin, des ateliers de teinture renommés pour la beauté, la solidité et la perfection de leurs teintures (2).

Sous l'ère impériale, les traditions se renouent, l'art des tapisseries prend un nouvel essor; l'école française de peinture, presque tout entière, concourt à la production de modèles destinés à la Manufacture des Gobelins. L'empereur se fait rendre compte des plus petits

(1) MM. Beauvisage, à Paris; Renard, à Lyon; Perdreau, à Tours; Gonfreville, à Rouen, etc.

(2) Les bornes que nous nous imposons à regret, ne nous permettent pas de suivre M. Roard dans toute la carrière que ce savant a si honorablement parcourue aux Gobelins, de 1803 au 4 mai 1816, époque de la suppression momentanée des fonctions de directeur des teintures; on lui doit de nombreuses expériences sur l'emploi en teinture de l'indigo, du bleu de Prusse, de la garance, dont les résultats sont consignés dans le Bulletin de la société d'encouragement et dans d'autres recueils scientifiques; des mémoires : 1° sur l'alunage et l'influence des divers états des laines en teinture; 2° sur le décreusage de la soie; 3° sur les mordants; 4° sur l'influence de l'alun de Rome comparé à ceux de France, qui ont été approuvés par l'Institut et publiés dans le recueil des savants étrangers.

détails concernant cet établissement et celui de la Savonnerie; par ses ordres, la plupart des compositions représentant des faits de l'histoire contemporaine sont traduites en tapisserie. Les événements de 1814 et de 1815 ne permettent pas l'entier accomplissement de ces travaux; mais, par les nombreux fragments qui figurent dans l'une des salles d'exposition de la Manufacture des Gobelins, on peut juger de leur importance; leur exécution laisse peu à désirer, malgré l'infériorité relative des procédés encore employés à cette époque. L'artiste tapissier, que n'asservissait plus le régime de la tâche, définitivement remplacé par le travail libre, cherchait alors, sans relâche, les moyens de remédier aux inconvénients toujours subsistants, malgré les progrès accomplis dans l'art de la teinture; certaines couleurs délicates s'évanouissaient quelque temps après l'exécution des pièces de tapisserie; d'autres devenaient, au contraire, plus intenses ou tournaient au brun, produisant ainsi de choquants disparates et détruisant toute harmonie dans les pièces les plus parfaites, en apparence, au moment de leur achèvement. Le chimiste et le teinturier y épuisaient en vain les ressources de leur art. Quelles que soient, en effet, les nuances employées et le procédé pour les préparer, on ne peut parvenir, dans la partie claire des *gammes* (1), à la même solidité que dans les tons les plus intenses; vainement aussi, dans la composition des modèles de tapisserie, s'évertuait-on à ne pas sortir des limites de la palette du teinturier en couleurs solides. Vers l'année 1812, un chef d'atelier de basse lice, M. Gilbert Degrolle (2), résolut le problème par une nou-

(1) Aux Gobelins, on désigne ainsi l'ensemble des dégradations régulières, du brun au clair, d'une nuance; généralement le nombre de ces dégradations est de vingt ou vingt-quatre pour l'atelier de la Savonnerie, et de vingt à trente pour l'atelier de tapisserie.

(2) Décédé en 1814.

velle combinaison de couleurs, dans le tissu même de la tapisserie, et en remplaçant l'ancien système des *hachures* monochromes, ou à *une nuance*, par les hachures à *deux nuances* (1). Il n'appliqua ce procédé, toutefois, que d'une manière restreinte; et bien des années encore durent s'écouler avant son perfectionnement et son emploi général dans les ateliers. Il y est à peu près aujourd'hui le seul pratiqué. C'est, en effet, le seul mode de combinaison des couleurs, sur laine ou sur soie, qui permette d'obtenir, au plus haut degré possible, exactitude dans la traduction du coloris du modèle, accord durable des nuances employées, transparence. Cette invention qui, pour être parfaitement expliquée, exigerait de longs développements, constitue une véritable révolution dans le travail de la Manufacture des Gobelins; les observations faites, en divers temps, sur le défaut de solidité et d'accord du coloris de quelques tapisseries d'ancienne date, sont aujourd'hui sans application possible, ce qu'attestent d'ailleurs de nombreuses tentures sorties, depuis vingt ans et plus, de cet établissement.

Après les cent jours, M. Lemonnier, peintre d'histoire, directeur de cette manufacture depuis 1810, dut se retirer, ainsi que MM. Roard et Augustin Belle; ce dernier y était rentré en 1802 comme inspecteur et professeur de l'école de dessin.

M. le baron des Rotours, ancien officier d'artillerie, fut nommé administrateur, et remplit ces fonctions jusqu'en 1833.

M. le comte de la Boulaye-Marillac, nommé directeur de l'atelier de teinture le 10 octobre 1816, fut en outre

(1) Les hachures sont employées pour graduer les teintes et pour éviter l'effet de mosaïque qui résulterait de la simple juxtaposition des couleurs; elles constituent l'une des plus grandes difficultés du travail de la tapisserie.

chargé de faire un cours de chimie appliquée à la teinture. On préleva le traitement du professeur sur le fonds de 6,000 francs, annuellement accordé par le ministre de l'intérieur pour l'école de teinture, ce qui fit réduire, de six à trois, le nombre des élèves de cette école. De cette réduction à une suppression totale, le pas était glissant; c'est, en effet, ce qu'on vit quelques années plus tard : à l'époque de la nomination du titulaire actuel (9 septembre 1824); le fonds de 6,000 francs cessa d'être payé, et l'institution tomba. M. Chevreul, cependant, n'a pas cessé de faire, chaque année, le cours de chimie appliquée à la teinture et de former des élèves.

Sous l'habile direction de M. des Rotours se produisent d'importantes améliorations :

La création d'une école spéciale de tapisserie, réalisation tardive du *séminaire* ordonné par l'édit de 1667 (1);

La suppression, par décision du 4 mai 1826, de la fabrique de *basse lice* que des préjugés héréditaires conservaient parallèlement à la fabrique de haute lice : on transporte les métiers supprimés à la manufacture de Beauvais, et on applique exclusivement ce genre de travail aux tapisseries d'ordre secondaire pour meubles;

La réunion de la Manufacture de la Savonnerie avec celle des Gobelins. On profite de cette circonstance pour supprimer dans la fabrication des tapis le régime de la tâche, qui y avait été rétabli en 1805.

Ces diverses mesures ont aujourd'hui la complète sanction du temps et de l'expérience; les administrations qui suivent ont surtout à favoriser, de tout leur pouvoir, le développement des éléments de prospérité et de progrès réunis de longue main dans ces manufactures. Les progrès s'accomplissent avec lenteur, il est vrai,

(1) Il faut remarquer, toutefois, que cette école n'a pas eu à cette époque les conditions de durée nécessaires, et qu'il a fallu la créer de nouveau en 1848.

mais sûrement : par le dessin et l'étude du coloris, de plus en plus répandus parmi les jeunes artistes tapissiers; par la diffusion et l'emploi général du travail à deux nuances; par l'application complète d'un ordre qui permet à chaque artiste tapissier de trouver à l'instant même les couleurs qui lui manquent dans l'exécution de son travail; et enfin par les travaux de l'atelier de teinture, constamment dirigés de manière à assurer la beauté et la solidité des nuances.

On peut dire, avec vérité, que l'art s'est transformé et qu'il ne connaît plus d'obstacles.

Cet exposé serait incomplet s'il ne comprenait quelques indications sur les plus belles tentures exécutées aux Gobelins depuis le règne de Louis XIV, sur les administrateurs ou directeurs de cette Manufacture depuis l'année 1662, sur les anciens maîtres tapissiers de haute et de basse lice entrepreneurs du roi, de 1662 à 1792, époque de leur suppression; et enfin sur les procédés de fabrication des tapisseries de haute lice et des tapis de la Savonnerie.

Au règne de Louis XV appartiennent les tentures suivantes :

La suite de l'Histoire de Louis XIV, d'après Hallé, Vernansal, Antoine Dieu, Dulin, en six pièces.

La tenture de *Don Quichotte,* en vingt-sept pièces, d'après Charles Coypel.

Les *Chasses de Louis XV,* d'après Oudry, en huit pièces.

L'*Histoire d'Esther,* en sept pièces, d'après de Troy.

L'*Histoire de Jason et de Médée,* d'après le même peintre, en sept pièces.

Les *Amours des dieux,* d'après F. Boucher.

L'*Histoire de Daphnis et de Chloé,* d'après Jeaurat, en sept pièces.

Les *Fêtes du village,* d'après le même peintre, en quatre pièces.

Sous le règne de Louis XVI on exécute :

La suite des Amours des dieux, d'après Pierre et Vien.

La tenture de l'*Histoire de France,* en cinq pièces, d'après Vincent.

La seconde tenture de l'*Histoire de France,* en huit pièces, d'après les peintres Berthélemy, Suvée, Brenet, du Rameau, Menageot.

Sous l'Empire :

Une suite de compositions relatives à l'histoire de Napoléon Ier; la plupart de ces tapisseries restent inachevées.

Sous Louis XVIII et Charles X :

Une troisième tenture de l'*Histoire de France,* d'après Rouget.

Une tenture de l'*Histoire de Marie de Médicis,* d'après Rubens, en douze pièces. (Cette tenture n'est achevée que sous le règne de Louis-Philippe).

Une tenture de l'*Histoire de saint Bruno,* en sept pièces, d'après Lesueur.

Les *Actes des Apôtres,* d'après Raphaël, et d'anciennes copies des tentures du Vatican, de l'époque de Louis XIV. (Cette tenture n'est achevée que sous le règne de Louis-Philippe).

Et un grand nombre de pièces isolées d'après L. Boullongne, Callet, Mme le Brun, Robert Lefèvre, Gérard, Gros, Horace Vernet, Guérin, Delaroche.

Le règne de Louis-Philippe voit achever deux tentures commencées sous le règne précédent :

Les *Actes des Apôtres,* l'*Histoire de Marie de Médicis.* Une autre tenture, dite *des Châteaux,* en cinq pièces, d'après MM. Alaux et Couder, est commencée ; on exécute enfin quelques pièces isolées d'après le Brun, François Desportes, Horace Vernet.

Les directeurs ou administrateurs, depuis 1662 jusqu'à ce jour, sont :

Ch. LE BRUN, premier peintre du roi. (1)	1663-1690
P. MIGNARD, premier peintre du roi. . . .	1690-1695
ROBERT DE COTTE, architecte.	1699-1709
Jules ROBERT DE COTTE, fils du précédent, architecte	1709-1747
D'ISLE, architecte.	1747-1755
SOUFFLOT, architecte.	1755-1780
PIERRE, premier peintre du roi.	1781-1789
GUILLAUMOT, architecte.	1789-1792
Le même.	1795-1807
Joseph AUDRAN, ancien chef d'atelier. . .	1792-1793
Le même.	1795-. . . .
Augustin BELLE, peintre.	1793-1795
CHANAL, chef de division au ministère de la maison de l'Empereur, directeur par intérim.	1807-1810
LEMONNIER, peintre.	1810-1816
DES ROTOURS (le baron), ancien officier d'artillerie.	1816-1833
LAVOCAT.	1833-1848
BADIN, peintre.	1848-1850
LACORDAIRE, architecte et ingénieur. . . .	1850-. . . .

Les *maîtres tapissiers du roi*, entrepreneurs de haute et de basse lice, à la manufacture des Gobelins, de 1662 à 1692, époque de leur suppression :

Jean JANS. (Haute lice.).	1662-1668
Henri LAURENT. (Haute lice.).	1663-1670
LEFEBVRE, père. (Haute lice.).	1663-1700
Jean DE LA CROIX. (Basse lice.).	1663-1712
Jean-Baptiste MOSIN. (Basse lice.). . . .	1663-1693
Jean JANS, fils. (Haute lice.).	1668-1623

(1) Ces deux dates sont celles de l'entrée en fonctions et de la retraite ou du décès de chaque directeur.

Dominique DE LA CROIX, fils. (Basse lice.). 1693-1737
SOUETTE. (Basse lice.). 1693-1724
Jean DE LA FRAYE. (Basse lice.). 1693-1729
LEFEBVRE, fils. (Haute lice.). 1697-1736
Étienne LE BLOND. (Basse lice.). 1701-1727
Louis OVIS DE LA TOUR. (Haute lice.). . . 1703-1734
Jean-Jacques JANS. (Haute lice.). 1723-1731
Étienne-Claude LE BLOND. (Basse lice.). . 1727-1751
Mathieu MONMERQUÉ. (En basse lice, de 1730 à 1736; en haute lice, de 1736 à 1749.). 1730-1749
Michel AUDRAN. (Haute lice.). 1733-1771
Pierre-François COZETTE. (En basse lice, de 1736 à 1749; en haute lice, de 1749 à 1792.). 1736-1792
Jacques NEILSON. (Basse lice.). 1749-1788
Daniel-Marie NEILSON, fils (1). (Basse lice.). 1775-1779
Joseph AUDRAN (2). (Haute lice.). 1772-1792
Michel-Henri COZETTE (3). (Basse lice.) . . 1788-1792

Toutes les tapisseries portaient autrefois, sur la lisière, ou même sur le champ de la composition, le nom du chef d'atelier qui les avait exécutées; étant donc donnés les noms et la durée de la vie active de tous les entrepreneurs qui ont dirigé les ateliers des Gobelins, il sera toujours possible de déterminer l'origine d'une pièce quelconque de tapisserie exécutée dans cette manufacture, et l'époque approximative de sa fabrication.

Détails de fabrication.

Les tapisseries des Gobelins et les tapis de la Savonnerie sont faits au métier de *haute lice.*

(1) Associé à son père en 1775.

(2) Nommé directeur le 4 septembre 1792.

(3) Conservé, ainsi que son père, comme simple chef d'atelier en 1792.

Les tapisseries présentent, comme tout tissu, une chaîne et une trame, mais la trame seule paraît à l'endroit et à l'envers; la chaîne est en laine, elle peut aussi être en coton, ou même en soie; elle est tendue verticalement sur deux cylindres appelés *ensouples;* les fils, parallèles les uns aux autres, et dans un même plan, sont passés alternativement sur un bâton dit *de croisure,* de sorte qu'une moitié des fils est, relativement au tapissier, *en avant* et l'autre moitié *en arrière.* Mais les *fils d'arrière* peuvent être tirés en avant au moyen d'anneaux de ficelle appelés *lices,* qui les embrassent et qui sont retenus, à l'opposé, sur une perche fixe placée au-dessous du *bâton de croisure*, à une petite distance du plan de la chaîne.

Le bâton de croisure, aux Gobelins, n'est autre qu'un tube de verre de deux à trois centimètres de diamètre. Il porte aussi le nom de *bâton d'entre-deux.*

La trame est enroulée sur un petit instrument en bois appelé *broche,* terminé en pointe d'un côté, et qui, pour le tapissier, tient lieu de *navette.*

Pour former le tissu, l'ouvrier prend une broche chargée de laine ou de soie, teinte de la couleur convenable; il arrête l'extrémité du fil de trame sur le fil de chaîne, à gauche de l'espace où doit être placée la nuance, puis, passant la main gauche entre les fils d'avant et d'arrière, il écarte ceux que va recouvrir cette même nuance; sa main droite, passant entre les mêmes fils, va chercher à gauche la broche pour la ramener à droite; sa main gauche, saisissant alors les *lices*, fait revenir en avant les fils d'arrière, et la droite lance la broche au point d'où elle était partie. Cette allée et venue de la broche, en deux sens opposés, forme ce que l'on appelle deux *passées,* ou une *duite.*

L'ouvrier répète ces duites successivement, les unes au-dessus des autres, suivant l'étendue et les contours de l'espace que doit occuper la nuance dont la broche est chargée. Il prend une nouvelle broche pour une nouvelle nuance ; il coupe, arrête et fait perdre à l'envers de la tapisserie, c'est-à-dire du côté où il travaille, le fil de la broche précédente, s'il ne doit pas recommencer à s'en servir près du même endroit. A chaque duite, il rapproche, avec le bout aigu de la broche, les fils de trame de la portion du tissu déjà faite. Cette première compression, toutefois, ne suffirait, ni pour régulariser le tissu, ni pour couvrir exactement la chaîne ; l'ouvrier, après avoir placé quelques duites, les unes au-dessus des autres, complète l'opération en frappant la trame, de haut en bas, avec un peigne d'ivoire très-lourd, dont les dents pénètrent entre les fils de la chaîne. Ces derniers se trouvent alors complétement cachés et ramenés à un même plan.

L'étendue que doit occuper une nuance détermine le nombre des fils de chaîne à comprendre sous une même passée ou duite; dans une partie horizontale et unie, on allonge, autant que possible, la passée, pour accélérer l'ouvrage; il arrive souvent qu'une passée ne comprend que deux ou trois fils de chaîne ; les contours du dessin à reproduire, les divers accidents du coloris, le plus ou le moins d'étendue des lumières, des demi-teintes, etc., indiquent l'étendue à donner aux duites, ainsi que leur nombre, les unes au-dessus des autres. On passe des clairs aux bruns, et d'un ton à l'autre, par des couleurs participant graduellement, les unes des autres, et disposées en *hachures*.

Les contours déterminés obliquement au sens des fils de la chaîne, par les longueurs diverses des duites, ne sont, dans la plupart des cas, et si on les considère dans une petite partie de leur développement, ni rectilignes ni régulièrement curvilignes, mais toujours dentelés. Cette disposition, eu égard à la finesse des fils de trame, n'a aucune sorte d'inconvénient quant à l'effet général des objets représentés; elle disparaît dans les détails d'ombres et de lumières des contours extrêmes et par le travail des *hachures*.

Les *hachures* sont employées pour graduer les teintes, et pour éviter l'effet de mosaïque qui résulterait de la simple juxta-position des couleurs.

Si l'on suppose que, dans un espace donné, de quinze fils, par exemple, une couleur A fasse une duite d'un bout à l'autre, puis, sur dix fils, une seconde duite, et

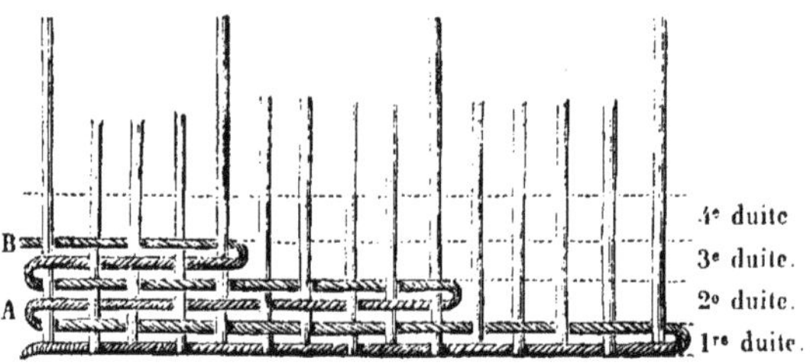

enfin, sur cinq fils, une troisième duite, il y aura gradation dans la couleur employée, et celle-ci sera d'autant plus intense que les duites seront en plus grand nombre. Si maintenant on conçoit une deuxième couleur partant du point B, traversant également les quinze fils et remplissant les vides, c'est-à-dire faisant trois duites où la première couleur en fait une, deux où l'autre en fait deux, et une où elle en fait trois, on aura un même nombre de duites, quatre sur quinze fils, et ces deux couleurs ainsi employées produiront des teintes intermédiaires, d'autant plus semblables à l'une des deux, que celle-ci aura plus de duites dans la composition de la hachure.

La figure ci-après représente l'effet de la superposition des hachures, et comment, avec deux couleurs, on produit deux et trois *tons intermédiaires.* Cette disposition constitue, dans sa simplicité, l'ancien système de hachures dites *à un ton*, ou *à une nuance*, système dont on ne se sert aujourd'hui que dans de rares exceptions, et qui est remplacé par le travail des hachures dites *à deux tons*, ou *à deux nuances, se traversant continuellement* et donnant, en résultat, une légèreté de ton, une transparence, une solidité, auxquelles on ne parvient par aucune autre combinaison. Nous avons exposé, page 60, les circonstances dans lesquelles parut ce nouveau système.

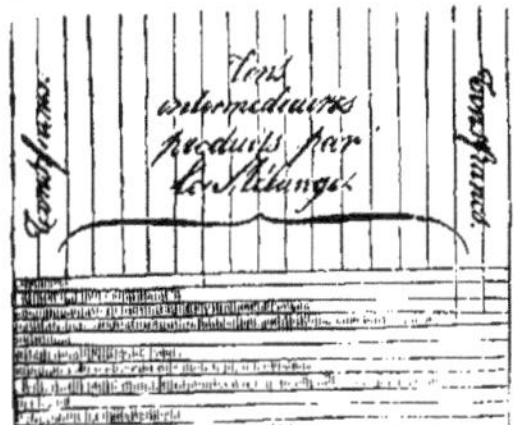

Le tapissier, pour le trait des objets à représenter, pour le passage d'une nuance à une autre, est guidé par un trait noir tracé sur la chaîne, par l'intermédiaire d'un papier transparent sur lequel il a préalablement calqué le dessin du modèle. Ce trait existe à l'arrière comme à l'avant de la chaîne, et conséquemment l'ouvrier ne cesse de le voir dans son travail, soit qu'il occupe sa place habituelle, soit qu'il passe à l'arrière pour juger de l'effet d'ensemble.

Les tapis de la Savonnerie diffèrent essentiellement, et par le procédé de tissage, et par le résultat, des tapisseries des Gobelins; ils rentrent dans la catégorie des *velours*. Les fils de laine qui, par leur juxta-position, en forment la surface, sont arrêtés chacun par un double nœud sur deux fils de chaîne. Cette dernière est en laine et double; elle se combine, tant avec les fils de la surface veloutée, qu'avec une *trame* et une *duite* (1)

(1) Cette dénomination commune aux deux fabrications des tapis et des tapisseries, s'applique dans chacune à un objet de nature absolument différente.

dont aucune partie n'apparaît au dehors ; le tapissier voit *l'endroit* du tapis et non *l'envers*, comme cela a lieu pour le tapissier des Gobelins.

La chaîne est tendue verticalement, comme dans le métier de tapisserie de haute lice, et le métier est de même forme, mais de dimensions beaucoup plus grandes.

On commence le tapis par une *lisière*, dont le tissu est le même que celui de la tapisserie.

Pour opérer le tissu du velours, ou autrement, pour faire *le point*, l'ouvrier ayant choisi une broche chargée de laine, dont la nuance répond à celle du modèle, saisit, avec les doigts de la main gauche, le fil de chaîne sur lequel il doit commencer ; il l'attire un peu vers lui et fait passer derrière, la broche et le fil de laine qu'il tient de la main droite ; il attire ensuite, de son côté, à l'aide de la lice, le fil de chaîne suivant, placé un peu derrière le premier, et enveloppe ce fil d'un nœud coulant qu'il serre. Entre ces deux *passées* (c'est le mot consacré), la laine forme, au-devant de la chaîne, un anneau dont l'amplitude répond à la hauteur du velours. Un instrument en fer, appelé *tranche-fil*, et formé d'une tige de fer cylindroïde de quatre à cinq millimètres de diamètre, terminée en lame de couteau, est passé dans l'anneau de laine dont nous venons de parler ; il occupe sur le tissu une position horizontale et se charge successivement d'une suite de mêmes anneaux de laine produits par la répétition du point. Lorsque toute la partie cylindroïde du tranche-fil est couverte d'anneaux de laine, on tire celui-ci, de gauche à droite, pour couper les anneaux ; on les divise ainsi en deux brins, implantés perpendiculairement sur la chaîne ; on recommence à la suite de pareilles séries de nœuds, on coupe de nouveau les anneaux de laine, ce qui produit une ligne continue et horizontale de brins noués chacun sur deux fils de chaîne. On consolide ensuite cette rangée de points, 1° avec un fil de chanvre très-fort, appelé *duite*, qui se superpose aux nœuds, entre les deux rangs de fils de chaîne, dans toute la largeur du tapis ; 2° par un fil de trame qui enveloppe chacun des fils de la chaîne et se superpose à la duite. Pour placer la trame dans le tissu, au moyen des lices, l'ouvrier ramène les fils d'arrière par devant ; il passe la trame entre les deux rangées de fils, puis laisse ceux d'arrière retourner à leur place, en ayant soin de tenir cette trame assez lâche pour qu'elle suive le contour de chacun des fils de chaîne; de cette manière, les points sont comme enchâssés. L'ouvrier tasse ensuite, avec un peigne de fer très-lourd, les points, la duite et la trame ; les fils de chanvre composant ces deux derniers éléments du tissu, y demeurent absolument invisibles.

Cette série d'opérations étant terminée, on procède avec des ciseaux à branches deux fois recourbées, à la tonte des brins de laine, dont la juxta-position forme le velours. Dans les grands tapis, ces brins sont laissés à une longueur d'environ un centimètre ; dans les tapis de petites dimensions, tels que devants de foyer, banquettes, etc., on diminue un peu cette saillie du velours, en ne laissant aux brins qui le composent qu'une longueur de sept à huit millimètres. C'est par cette tonte que l'intérieur des brins de laine est mis à découvert et qu'il présente la surface visible du tapis mis en place; pour que l'effet en soit satisfaisant, la plus parfaite régularité est nécessaire et chaque tonte partielle doit être faite de manière à présenter l'effet d'une coupe unique opérée dans un même plan.

Le mode de tracé employé pour les tapisseries s'effectue, depuis peu de temps, dans la fabrication des tapis de la Savonnerie ; mais pour ces derniers, on divise le modèle en carrés de dimensions arbitraires, et on marque ces mêmes carrés sur la chaîne : 1° par des fils colorés ; 2° par des lignes horizontales tracées à l'encre ou à la pierre noire. Les calques partiels, portant les mêmes divisions, s'ajustent ainsi au dessin général avec une exactitude mathématique. On ne traçait précédemment aucune partie du dessin sur la chaîne de tapis, on copiait le modèle par carrés de vingt-cinq millimètres de côté; la méthode actuelle est infiniment préférable, puisqu'elle donne à l'ouvrier la possibilité de traduire son modèle sans travail de tête, et, en quelque sorte, sans fatigue.

La laine employée dans le velours se compose habituellement de six brins de nuances différentes, mais de valeur à peu près égale, s'harmonisant entre elles ; dans certains cas, ces brins sont portés jusqu'au nombre de neuf. La combinaison de ces nuances exige, de la part de l'ouvrier, une aptitude particulière pour le coloris; il dessine avec ces brins de laine comme le peintre avec son pinceau et sa palette, mais en procédant par points dont la plus grande superficie n'excède pas neuf millimètres carrés; il arrive, selon la nature du modèle, à de très-remarquables résultats; on ne peut mieux les comparer qu'à ceux de la mosaïque : ce qui est possible à l'artiste mosaïste, sous le rapport du dessin, du modelé, du coloris, l'est également à l'artiste tapissier, avec cette différence, tout à l'avantage de l'œuvre de celui-ci, que les brins de laine, vus par bout, dont se compose la surface du velours, ne sont pas isolément perceptibles à l'œil, comme chacun des cubes de marbre ou d'émail dont se compose la mosaïque.

Les laines et les soies teintes appartenant aux deux fabrications des Gobelins, sont emmagasinées à proximité de chacune d'elles : 1° dans un magasin général, où elles sont disposées par écheveaux ; 2° dans un magasin de détail, où elles sont sur broches, prêtes à être employées. De plus, à chaque métier est affectée une armoire particulière, contenant les laines assorties par l'artiste pour son travail, et celles qui lui ont déjà servi, mais qui pourront encore lui être utiles dans l'exécution de la tapisserie sur le métier.

Les artistes-ouvriers, indépendamment du tissage des tapisseries et des tapis, ourdissent la chaîne, l'appliquent sur le métier, calquent et décalquent leur modèle, et assortissent les laines coloriées dont ils ont besoin. Des chefs d'atelier surveillent constamment les travaux (1), des sous-chefs les remplacent lorsqu'ils sont obligés de s'absenter (2); tous sont choisis parmi les anciens et plus habiles artistes tapissiers; un peintre d'histoire, portant le titre d'inspecteur des travaux d'art, visite les ateliers au moins une fois par semaine (3).

Les tapisseries occupent actuellement quarante-trois artistes tapissiers, y compris deux chefs, deux sous-chefs et quatre élèves; les tapis en occupent trente-sept, y compris un chef, deux sous-chefs et quatre élèves. Le plus élevé des traitements ne dépasse pas 2000 francs; l'émulation est entretenue par des récompenses accordées à la perfection, beaucoup plus qu'à la quantité de tapisserie ou de tapis produite. On peut évaluer cette dernière, dans l'une comme dans l'autre fabrication,

(1) M. Limosin, dit Laforest, chef d'atelier, dirige l'atelier de tapisseries depuis 1828; M. Gilbert, artiste tapissier, lui a été adjoint le 1er mars 1858, sous le titre de chef d'atelier de 2e classe.

M. Legrand, chef d'atelier des tapis, remplit ces fonctions depuis 1853, après avoir exercé celles de sous-chef pendant 21 ans.

(2) Dans l'atelier de tapisseries, les sous-chefs sont MM. Duruy et Buffet; dans l'atelier des tapis, MM. François et Bordot exercent les mêmes fonctions.

(3) M. Muller (Charles-Louis) est inspecteur des travaux d'art de la Manufacture des Gobelins depuis le 1er juin 1851.

en moyenne, à trente-quatre centimètres carrés (1) par personne.

Le service des magasins occupe, pour les deux ateliers, huit personnes ordinairement choisies parmi les anciens artistes-ouvriers.

La Manufacture renferme, en outre, un atelier de teinture, un laboratoire de chimie, des écoles de dessin et de tapisserie, un atelier de rentrayure, des galeries d'exposition.

L'atelier de teinture, indépendamment d'un directeur (2) et d'un sous-directeur (3), occupe un chef-teinturier (4), deux compagnons, un élève et deux manœuvres. On y teint les laines et les soies employées à la manufacture de Beauvais.

Le directeur des teintures fait, chaque année, un cours de chimie appliquée à la teinture.

Des élèves sont en outre admis, par autorisation ministérielle, à suivre les travaux du laboratoire de chimie et ceux de l'atelier de teinture.

Les écoles de dessin et de tapisserie sont dirigées par deux professeurs (5), dont l'un porte le titre de

(1) Ou trente carrés d'un centimètre de côté.

(2) M. Chevreul, membre de l'Institut, dirige, depuis 1824, le laboratoire de chimie et l'atelier de teinture.

(3) Ces fonctions sont remplies par M. Decaux, nommé le 18 octobre 1843.

(4) M. Perrey occupe cet emploi depuis 1858, en remplacement de M. Lebois, décédé le 15 juillet 1857.

(5) M. Abel Lucas, peintre et artiste tapissier, élève de l'École des beaux-arts et de la Manufacture des Gobelins, est professeur en titre de l'école de dessin depuis 1848, époque de la retraite de M. Mulard, ancien inspecteur de la manufacture et ancien professeur de cette école; il réunit à ces fonctions, depuis 1850, celle de professeur de l'école de tapisserie. M. Hippolyte Lucas, son frère, également peintre, élève des Beaux-arts et de la Manufacture des Gobelins, est professeur adjoint des écoles de dessin et de tapisserie depuis 1857.

professeur-adjoint. Des élèves libres du dehors sont admis, en assez grand nombre, à suivre les cours de l'école de dessin, qui embrassent le dessin élémentaire, l'étude de l'antique et du modèle vivant (1).

L'école de tapisserie, ouverte en 1848, avec cinq ou six élèves, en renferme aujourd'hui vingt-deux. Ces élèves, pris généralement à l'âge de douze ou treize ans, au maximum, et par autorisation ministérielle, après deux ans d'essai, appartiennent indifféremment à des familles de tapissiers ou du dehors; il est très-rare qu'ils soient admis dans les ateliers de tapisserie ou de tapis avant l'âge de dix-neuf ou vingt ans. En y entrant, ils sont encore considérés et dirigés comme élèves pendant plusieurs années.

L'atelier de rentrayure occupe cinq personnes : un premier rentrayeur, deux anciens tapissiers rentrayeurs et deux ouvrières.

Le travail de cet atelier consiste à réunir ou *rentraire* les parties de tapis ou de tapisseries, faites séparément, sur le métier, à refaire les parties déchirées, trouées ou attaquées par les vers. Le rentrayeur fait à l'aiguille ce que le tapissier fait avec la broche ; il rétablit, en premier lieu, les portions de chaîne endommagées ou détruites, puis la trame, avec des laines de couleurs assorties à la tapisserie en réparation.

Les galeries d'exposition renferment une suite de tapisseries choisies dans les diverses périodes de la fabrication, et propres à faire juger des modifications et des progrès de l'art, depuis la fondation de la Manufacture des Gobelins jusqu'à ce jour.

(1) L'étude du modèle vivant, supprimée en 1848, a été rétablie en 1850.

TABLE DES MATIÈRES.

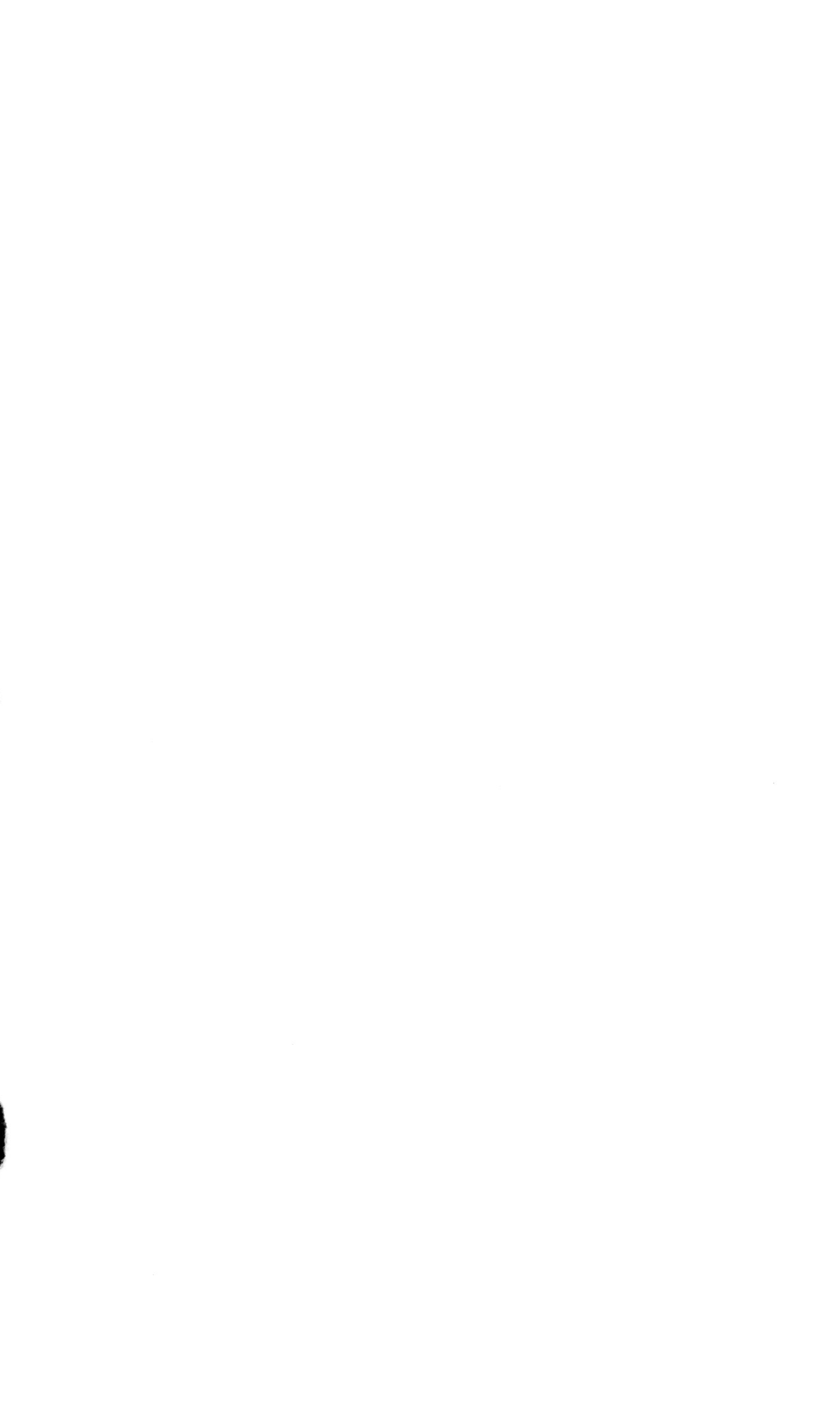

www.ingramcontent.com/pod-product-compliance
Ingram Content Group UK Ltd.
Pitfield, Milton Keynes, MK11 3LW, UK
UKHW020946180726
13838UKWH00003B/1154

9 782329 484242